文天祥画传

朱　虹 /著
江先贞

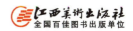
江西美术出版社
全国百佳图书出版单位

文天祥

（1236—1282）

文天祥（1236—1282），字宋瑞，又字履善，号文山，吉州庐陵（今江西吉安）人，南宋末年著名的思想家、政治家、军事家、文学家和诗人，举世闻名的抗元名臣、民族英雄，与陆秀夫、张世杰并称为"宋末三杰"。

文天祥 21 岁时高中状元，后官至右丞相兼枢密使，加封信国公。期间，蒙古军大举入侵，南宋军节节败退，他变卖家产，举兵勤王，历尽艰辛，为国纾难，转战至广东海丰五坡岭时不幸被俘。被解押到元朝大都燕京后，面对降元的南宋旧臣和元朝高官甚至元世祖忽必烈的百般劝降，文天祥宁死不屈，以身殉国，年仅 47 岁。

目 录

01

求 学

少年文天祥天资聪颖，小小年纪便饱读诗书，参加院试时名列榜首，在白鹭洲书院求学时深得书院山长欧阳守道的喜爱。在乡试中举和礼部省试中选吉州贡士之后，南宋宝祐四年（1256）殿试时被宋理宗钦点为状元。

王朝危机

文天祥出生前三十年，在遥远的西北大草原上，一位名叫铁木真的蒙古人，经过一系列战争，统一了蒙古高原各部落，建立了大蒙古国，尊号"成吉思汗"，意为"拥有海洋四方的大酋长"。大蒙古国建立后，成吉思汗自信心极度膨胀，征服世界成为他的终极目标，并开始疯狂地扩张领土。蒙古军队的铁骑踏遍了欧亚大陆的土地，洗劫了一座座城

《元太祖成吉思汗半身像》 佚名

成吉思汗骑马雕像

池，先后攻陷了西辽、西夏、大金等国。之后，他的儿孙们又多次大规模征战，占领了中亚、西亚及东欧的广大地区，所占领的疆域是当时世界的五分之一。

文天祥出生前十年，成吉思汗第五次进攻西夏，先攻下边防要塞黑水城，在进攻肃州（今甘肃酒泉）时遭到西夏军民的拼死抵抗。攻下肃州后，恼羞成怒的成吉思汗便下令屠城。次年冬季，不可一世的成吉思汗在攻到西夏都城时突然心血来潮，带领将士们进行围猎。不料，他所骑的那匹红沙马突然受

《铜柱钮"首领"印》

《铜柱钮"首领"印》（拓片）

《铜柱钮"首领"印》（印面）

到一匹野马的惊吓而跳起来了，毫无防备的一代天骄成吉思汗从马背上重重地摔倒在地，因救治无效而死亡。

成吉思汗在临死前命令他的儿子，今后攻下西夏，要将西夏人全部杀光。西夏王朝灭亡后，按照成吉思汗的遗嘱，他的儿子们对西夏人进行了惨绝人寰的屠杀。蒙古骑兵每杀足 1000 名西夏人就要倒吊一具尸体，一是为了炫耀他们的战绩，二是便于统计杀人数量。西夏都城兴庆府（今宁夏银川）被攻陷后，城内外吊满了倒挂着的尸体，其场景惨不忍睹。除了杀人外，蒙古人还将西夏的房屋建筑全部烧毁，造成西夏的书籍典册全部化为灰烬。这也是为什么西夏国虽然存在了近 200 年，却没有一本官方史书的明确记载。

文天祥出生的两年前，蒙古国与南宋联手消灭了大金国。在蒙古国强大而大金国、南宋都弱小的情况下，三足鼎立也许还能对蒙古国有所制衡，不幸的是，大金国灭亡后，国力日渐衰退的南宋只得独自面对虎视眈眈的蒙古国，国势愈发疲敝衰颓，形势愈发危急严峻，蒙古人血腥杀戮的魔影，笼罩着南宋和平的天空。

聪颖少年

江西庐陵淳化乡富川村（现江西吉安青原区富田镇文家村）是典型的鱼米之乡，蜿蜒的富水河贯穿全乡，河水清澈，鱼肥虾美，小河两岸土地肥沃，阡陌纵横，村东南群峰叠嶂，翠竹满山。

南宋端平三年（1236）五月初一的夜半时分，富川村一位名叫文时用的人梦见自家的房屋上面被五彩祥云笼罩着，久久不散。初二凌晨梦醒时正觉得奇怪，忽然家人大声喊叫他，说他的孙子出生了。文时用喜出望外，高兴的同时他回味着刚才梦中的情景，认为应验了梦中所兆。于是，他给刚出生的孙子起名文天祥。

文天祥出生时，南宋和蒙古国的战争已经拉开序幕，但由于文天祥的家乡远离战争前线，战火尚未波及，使他得以平静地度过了美好的童年和少年时光。文天祥的父亲文仪是一位读书人，也是一名私塾先生。他十分重视孩子们的学习，要求也特别严格，总是想方设法聘请更好的老师给孩子们授课。

宋朝时期无论是官府还是民间都十分重视教育，官府有乡校，民间有私塾。乡校既是百姓聚会议事

《村童闹学图》　仇英

的公共场所，又是孩子们上课的学校。私塾则是私家雇聘先生为自家孩子授课，也有几家一起联办的塾馆。当时的孩子启蒙教育都要用"三、百、千"（《三字经》《百家姓》《千字文》）这三本书，以《三字经》《百家姓》开头，再读《千字文》，孩子们进乡校读私塾，都是从这三本书开始迈进自己的人生之路。

少年文天祥天资聪颖，10岁那年他跟随先生外出游历，恰好天气骤变，乌云密布，一声炸雷惊天动地，好几个胆小的学生吓得哭了起来。先生赶紧带着学生到亭中避雨，触景生情吟出了一副上联："春雨泼雷雷炸雨，惟君子不屈节。"文天祥低头略加思索便对出了下联："秋风扫云云卷风，是小人才惊心。"先生见文天祥小小年纪竟如此才思敏捷，心中十分高兴，就想继续考考他。看着远处的山峦若隐若现，雾霭缥缈，接着给出上联："山壑似乎住人家，几缕青烟腾南北。"此时雨过天晴，天空中出现一道美丽的彩虹。文天祥立刻来了灵感，对出了下联："天上

《真草千字文》　赵孟頫

莫非过神仙，一座彩桥拱东西。"同行的另一位先生见状，心想此人将来必定金榜题名，前程似锦，也出了一联考他："来日夺金榜，左攀龙，右援凤，平步青云状元才，才冠今古。"文天祥年纪虽小，但他饱读诗书，曾经也对过类似的对子，当即对出了下联："有朝沐皇恩，上忠君，下泽民，赤心报国英雄志，志满云天。"眼见自己的学生有如此才华和抱负，先生喜不自胜，对文天祥的教学也格外用心。

少年时代的文天祥不仅学习成绩优异，而且非常仰慕那些精忠报国的先贤。看到学校里供奉的同乡先贤"庐陵四忠"欧阳修、杨邦乂、胡铨、周必大的遗像，便暗暗在心中发誓："没不俎豆其间，非夫也"（如果自己死后没有置身这些受后人祭祀的忠臣之中，那就不是大丈夫）。

《草亭诗意图》　吴镇

书院求学

南宋宝祐元年（1253），文天祥参加院试，名列榜首，考取了秀才。两年后，20岁的文天祥从家乡富川村来到庐陵白鹭洲书院求学。

书院是中国古代的一种教育机构，原本是由中央政府专门设立的，后来在民间也出现了供个人读书的私人书院。书院最早出现在唐代，到了五代书院开始具备学校的性质。由于宋朝重视文化教育，书院的数量也随之增多。当时虽有多所书院，但以四大书院最为著名。它们是江西庐山的白鹿洞书院、湖南长沙的岳麓书院、河南登封的嵩阳书院、河南商丘的应天书院。作为一种特殊的教育机构，书院在文化教育界影响很大，也成为许多有名的学者宣扬自己理念或传授文化知识的场所。

江西除了白鹿洞书院外，最负盛名的还有白鹭洲书院。南宋淳祐元年（1241），吉州知府江万里为了培育人才，在庐陵城东创办了白鹭洲书院，集吉州八邑俊秀攻读其间。白鹭洲位于吉安市内赣江江心，长约1.5公里，宽约0.5公里，为一梭形绿洲，因洲上白鹭成群而得名。赣江碧水滔滔，洲上林茂竹翠。南宋宝祐四年（1256），书院有39名学子同时考中进士，文天祥更是高中状元。宋理宗亲赐御匾"白鹭洲书院"悬挂书院大门。从此，白鹭洲书院声名鹊起，名震朝野。近800年来，白鹭洲始终是学府所在地（现为吉安市白鹭洲中学），洲上一直书声琅琅，弦诵不绝。

《宋理宗坐像》 佚名

文天祥在白鹭洲书院学习时，书院的山长是德高望重的欧阳守道。欧阳守道自幼家贫，但学识精深，品行高尚，还曾出任岳麓书院的副山长，在当时是一位思想开明的教育家。白鹭洲书院百花齐放，百家争鸣，自由议论时政，自改诗词歌赋，反对空洞无物的刻板教学，讲究学为报国之用。书院重视人的主体性涵养，这也正是文天祥孜孜以求的自由学风。他曾赋诗言志："袖中莫出将相图，尽洗旧学读吾书。"

文天祥汉白玉雕像

白鹭洲书院的治学理念和欧阳守道的治学方式潜移默化地影响着求知若渴的学生们，老师还引导学生研究历代治乱兴衰的存亡之道，为有抱负的年轻人指点迷津，这让他们眼界大开，在学习文化知识的同时，思想操守也得到了提升。

高中状元

读书、科考、做官，这是中国古代科举制度下大多数读书人的人生轨迹，文天祥也不例外。在经历了乡试中举和礼部省试中选吉州贡士之后，南宋宝祐四年（1256），文天祥在父亲的陪伴下前往都城临安（今浙江杭州）参加科举的最高级别考试——殿试。

"靖康之耻"后，宋高宗赵构举国南迁建立了南宋，临安府成了国都。虽然只剩半壁江山，但由于这里土地肥沃，河湖纵横，物产丰富，加之内陆运河交通便利和东南沿海的港口运输贸易繁荣，临安城很快成为当时经济文化最发达的大城市，城市规模和繁华程度成为世界之首。

三年一次的科考殿试，全国各地赶来的应试考生和随从，使得临安城更加热闹。五月初八是殿试之日，天刚亮，街道上便熙熙攘攘，骑骡的、骑马的、坐轿的、乘驴车的，有考生、有书童、有家仆，大家一起等待着宫门开启。

殿试的考场设在皇宫的集英殿，考生们鱼贯进入庄严静穆的集英殿内。殿试正式开始了，此次殿

试的考题《问天道人极》是宋理宗亲自出的，要求
考生阐述以道治国、天变与民生的关系，对当今朝
廷如何革故鼎新、富国强兵提出对策。文天祥针对
当前朝廷政务逐渐懈怠这一弊病，以"法天不息"
为对，表述政治抱负，提出改革方略，旗帜鲜明地
主张"大道之行，天下为公"的理念，提出皇帝应
施行公道与直道之政，社稷重于君等观点。他文思
泉涌，不打草稿，挥洒万言，答完后第一个呈上了
试卷。

宋代的殿试策论十分重要，考生可以通过这种
方式表达自己的政治见解，可谓是自己未来的治国
主张。皇帝也可以借此考察人才，亲自选拔新人才俊，
他们被称为"天子门生"。殿试实行糊名法，即把

《钱塘观潮图》　李嵩

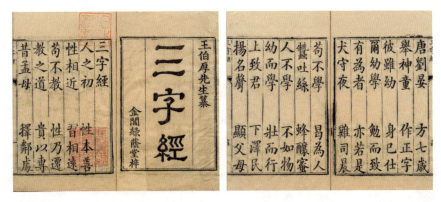

《三字经》 王应麟

试卷卷首的考生姓名、年龄、籍贯等重要信息都密封起来，防止评卷官徇私舞弊，借此遴选出朝廷真正需要的人才。

本科殿试的主考官是王应麟，他是当朝的文坛大家，也是至今大家耳熟能详的《三字经》的作者。

《观榜图》 仇英

王应麟既是一位博学多闻的大儒，也是一位正直敢
言的清官。按照制度规定，主考官阅卷、评卷之后，
必须将前十名的试卷呈送皇帝御笔钦定名次。文天
祥的成绩名列第七，试卷自然摆在了宋理宗的龙案
前。王应麟奏道："是卷古谊若龟鉴，忠肝如铁石，
臣敢为得人贺。（这篇策论答卷议论深宏，以史为鉴，
其忠肝义胆坚如铁石，微臣为圣上能得到这样的人
才而恭贺）。"宋理宗阅毕，对文天祥的观点和才
学大加赞赏，同意了主考官王应麟的意见。

当考卷开封后唱名到文天祥的姓名时，宋理宗

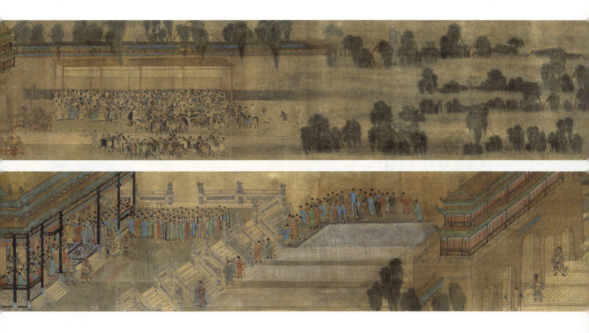

一听，大喜过望，脱口而出："此天之祥，乃宋之瑞也！"

钦点文天祥为进士第一（状元），并御笔写下了：

道久于心化未成，乐闻尔士对延英。

诚惟不息其明著，治岂多言在力行。

华国以文由造理，事君务实勿沽名。

得贤功用真无敌，能为皇家立太平。

——南宋　赵昀《赐状元文天祥以下诗》

按照惯例，新科状元要书写谢宴诗，文天祥写下了：

《文天祥画像》 上官周

于皇天子自乘龙，三十三年此道中。

悠远直参天地化，升平奚美帝王功。

但坚圣志持长久，须使生民见泰通。

第一胪传新渥重，报恩惟有厉清忠。

——南宋　文天祥《集英殿赐进士及第恭谢诗》

　　从此，文天祥名扬天下，也将他的字由履善改为了宋
瑞。当时的南宋朝庭，苦撑多年，非常渴望能有一批有理想、
有抱负、有才干、肯担当的青年才俊能够治世报国。文天
祥的出现，令当朝者看到了希望。

02

入仕

文天祥高中状元之后，父亲文仪不幸病故，三年守孝期满，他便在京城为官。但其性情『自拔于流俗』『肮脏难合』，官场中趋炎附势者多，与他志同道合的极少，秉性耿直、遇事敢言的文天祥多次辞官而去。

守孝三年

正当文天祥有机会施展他报国救民的宏大抱负之时，陪同他来临安参加殿试的父亲文仪却突患疫毒痢，虽然找了多名医生来医治，但最终还是不幸病故。临死之前，文仪紧紧抓住文天祥的手，断断续续地对他说："我死之后，你一定要尽心报国。"

文仪生于南宋嘉定八年（1215），字士表，号革斋，江西庐陵（今江西吉安）人。文氏祖籍四川成都，早在西汉时期，其先祖蜀郡太守文翁就以兴办学堂、发展教育而闻名天下。五代后唐时迁居到庐陵，是一个文脉深厚的家族，千余年来家学薪火相传，培育出了一种以正直、忠义为核心的文氏家风。文仪以读书勤勉、学术渊博而闻名乡里，人称君子长者。他特别喜欢竹子，房前屋后都种满了竹子，屋中悬挂匾额"竹居"，并教育子女们，从小就要像竹子一样有节操，生长再高也要虚心向上，要有宁折不弯的气节。文仪虽然一生布衣未曾做官，只是一名私塾先生，但他嗜书如命，只要有书在手，必定废寝忘食阅

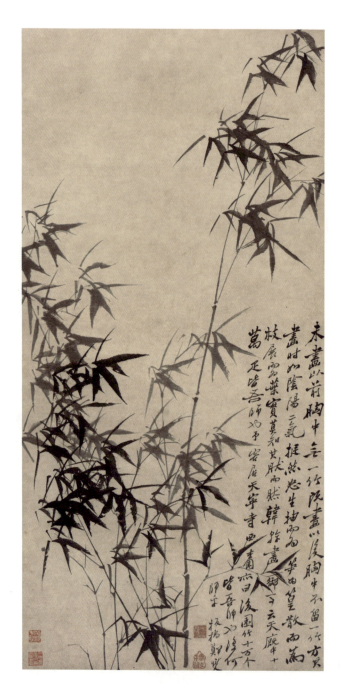

《墨竹图》 郑板桥

读。在给自己的学生们传道授业解惑的同时，文仪还笔耕不辍，著有《宝藏》三十卷、《随意录》二十卷，给文氏家族留下了珍贵文学遗产，对文天祥影响很深。

古代中国以孝为先。按宋代朝廷规定，官员家中直系长辈逝世，必须丁忧三年。文天祥虽然中了状元，但因父亲去世，也要回家守丧三年。父亲死后的第四天，文天祥便护送着父亲的灵柩返回家乡庐陵。临安距离庐陵约 700 公里，文天祥在路上走了 50 多天才回到家中。

安葬好父亲后，文天祥在父亲的墓地旁盖了三间草屋，周围种满了竹子，门楣上挂着父亲亲笔题写的"竹居"木匾，门旁挂着一副对联，上联是：一等人忠臣孝子，下联是：两件事读书耕田。独自在这里居住的文天祥牢记父亲的遗言，每日读书写字，练拳舞剑，修身养性，为日后报效朝廷养精蓄锐。并时常有同窗好友来访，一起切磋诗文、探讨时政。

《竹居图》
文徵明

上书直言

文天祥在家丁忧期间，正是蒙古大汗蒙哥起兵攻宋的三年。蒙古人是草原民族，他们靠狩猎为生，并且喜好大型的集体围猎。围猎时他们会设下一个很大的包围圈，整个部族的人全部参加，把一片草原或者一个山丘包围起来，然后逐渐缩小包围圈，把猎物赶到一个预定的地点，最后射杀猎物。蒙古人把这种狩猎方式用到战场上，战争中他们常常设下包围圈，小到一个城市，大到一个国家，先把周围的土地占领，然后再向中心腹地推进。三年来，蒙古先后远征云南、吐蕃、西南夷、安南等地，铁蹄所到之处，风卷残云，势如破竹。

南宋开庆元年（1259），文天祥为父亲守孝三年期满，朝廷照例要对他补授官职，于是又来到了临安城。按照宋朝的惯例，状元当年就授官正九品，三年后再改授秘书省正字，主要是从事草拟文书、勘正文字谬误之类的事务，属于从八品的文官。上一科状元文天祥，还未来得及授官便因丧父而居家守孝，如今守孝期满，朝廷便补

《平原射鹿图》（传）　　陈居中

授他为承事郎、签书宁海军节度判官厅公事。

此时，南宋王朝正处于风雨飘摇之中，9月，蒙古大汗蒙哥的胞弟忽必烈率领大军在黄州沙武口（今湖北黄冈）渡过长江进攻鄂州，临安城里已是慌乱一片，宋理宗却嗜欲怠政、花天酒地，官场中又佞臣当道、小人得势。这些人把持朝纲，结党营私，排除异己，陷害忠良，很多正直的官员或被罢官，或被流放，或被判入狱，或被杀头抄家。面对蒙古铁骑来犯，权势熏天的宦官董宋臣反而游说皇帝迁都四明（今浙江宁波），满朝文武都不敢对此说不。

文天祥听说此事后怒不可遏，尽管自己只是一个"过期"状元、小小承事郎，但他立即写下了万言书《己未上皇帝书》。在万言书中，他冒死上谏"乞斩宋臣，以一人心"，即乞求斩处董宋臣，使民心向一。同时，他还从政治、军事等方面提出了四项改革建言：一是"简文法以立事"，即实行战时体制，皇帝每日与有关大臣直接商议军国大事，以减少文牍往来；二是"仿方镇以建守"，即建立方镇，辖若干州军府，选用有名望又善于用兵的将帅分地镇守，加强地方力量，以抵御蒙军进攻；三是"就团结以抽兵"，即每二十家抽一人当兵，这样可增加十万兵力上阵杀敌；四是"破资格以用人"，即大胆选拔和任用德才兼备的人才。尽管万言书写得洋洋洒洒，笔力雄健，脉络清晰，但呈上之后却如泥牛入海，毫无音讯。于是，颇具正气傲骨的文天祥愤然弃官回到了家乡吉安。

太子老师

南宋景定二年（1261），辞官在家的文天祥收到了朝廷的诏令，他被任命秘书省正字。随诏书一起的，还有一封信件，上面只有寥寥10个字："师宪恭贺天祥履任新职"。文天祥大吃一惊，当朝左丞相贾似道，字师宪，号悦生。文天祥一下就明白了，自己能任此新职，是贾似道向宋理宗举荐的。但文天祥所不知道的是，此时刚刚当上丞相的贾似道，正在大力培植自己的势力，急需网罗一批精英人才为他所用，同时他也打算利用文天祥与董宋臣的矛盾，将文天祥拉拢到自己身边效力。其实，文天祥与董宋臣的斗争，毫无半点个人恩怨和利害冲突，纯粹出于要求除去佞臣、给改革开路的目的，只与时局相关，与他的"法天不息"思想相关。

文天祥于是上书向贾似道表示感谢，但他也表明自己"公尔忘私、国尔忘家"，只会把国家利益放在心中最高位置，绝不会徇私舞弊、趋炎附势。

南宋景定三年（1262），文天祥兼任景献太子府教授，给太子赵禥授课，主讲四书五经。曾经的状元郎，博学的文天祥有经天纬地的才能，讲授四

《山馆读书图》 刘松年

书五经更是信手拈来。面对南宋未来的国君，满腹
经纶的文天祥恨不得把肚子里的知识全部倒给赵禥，
他引经据典，侃侃而谈，一心一意教授太子。文天
祥的授课得到了宋理宗的赞赏，还特意赏赐文天祥
一只金碗。对于一个年轻的官员而言，能得到这种
奖赏，是莫大的殊荣、浩大的皇恩。南宋景定四年
（1263），文天祥升任著作左郎，后又兼任刑部郎官。

　　文天祥在京城为官，表面看起来很风光，实际上他又很苦闷、很孤独，因为文天祥高山景行、豪放不羁，其性情"自拔于流俗""肮脏难合"，但官场中趋炎附势者多，与他志同道合的极少。

　　白鹭洲书院的创办者，直言敢谏、为官清廉、忧国爱民的爱国丞相江万里，一直是文天祥的楷模，但文天祥还未到京城，江万里便被贾似道排挤走了。丞相吴潜是一位秉性耿直、遇事敢言的清官，结果也遭到贾似道陷害被贬谪到循州（今广东惠州），最终被毒害身亡。这让文天祥对贾似道有了新的认识。

　　正在这时，宋理宗又重新起用被贬出京的宦官董宋臣，不但让他继续当了太监总管，而且分管景献太子府，成为文天祥的顶头上司。一身正气的文天祥自然是怒不可遏，立即上呈《癸亥上皇帝书》，历数董宋臣之恶，请求理宗收回复用董宋臣的成命，并表示董宋臣"主管景献太子府去。臣备员讲授。实维斯邸"，朝廷若不罢免董宋臣之职，他就要"请命以去"。但和上次上书一样，朝廷依旧没有理会他，大失所望的文天祥当即决定辞官不做了，整理好行囊又一次回到了家乡。

癸亥上皇帝書

七月吉日具位臣文天祥謹昧死百拜獻書於皇帝陛下臣畎畝末學天賦樸忠遭逢聖明早塵親擢已未之夏
陛下廷策多士記憶微臣俾佐京兆尹幕時臣不敢拜恩乞行進士門謝旨令赴闕其冬實來行禮適值寇難方
殷江上勝負未決而全永衡且破於時京師之勢危如綴旒上下皇皇傳誦遷幸臣得之日繫忱恐六師以一朝
而動京杜之事關係不細采之公論則謂寇禍起於憸壬之聚斂而惎董宋臣至於董宋臣主於謝生震茶毒之苦指
臣張皇處分尤駭觀聽事勢至此死且無日臣忠憤激發叩閽上疏乞以宋臣尸諸市曹以謝生靈茶毒之苦指
下賜之也感激舊發常恨未有一日答天地之造前多誤辱收召甚幸實從事鉛槧悉意科條以無忘靖共闕位之訓忱幸
已改命洪幕從欲與祠又寵綏之臣嘗以過父母之身既委而狗國矣陛下赦而不誅臣之再有此身是陛
陳獨忤自分誅斥出關待罪不報驅歸山林側聽聖裁臣章雖不忖出施行而竟亦不坐臣以罪非惟免於罪而
忱荷茲者候讀報狀宋臣復授內省職事臣驚歎累日不遑寧處竊意界彙職且使之主管景獻太子府幸
臣備員講授實維斯邸此人者乃爲之提綱當其授出臣自揆以義且無面目以立朝況可與之聯事乎請命以
去臣之分也然臣端居深念託之故而去謂之潔身可也陛下未嘗拒言者言而當於可陛下未嘗不行臣不言而
去則於事陛下之道爲有未盡是用不敢愛於言竊惟陛下之衷而幸聽焉臣伏讀國史竊見孝宗皇帝所
以待贅御者終始之際威甚明臣嘗以爲自古人主寬仁英如孝宗英斷亦莫如孝宗方曾覿龍大淵輩用事
周必大言之劉度言之鄭鑑袁樞言之籍而孝宗假以恩寵未嘗爲之少衰孝宗豈嗇諫
者哉必大言之驌茂良言之日益翕赫小心謹畏之態呢呢於前者迄不能掩其陰私傾險
之迹或以見疎死或以坐罪廢英斷如此豈以寬仁而途失之姑息哉開國承家小人勿用聖子神孫一守是法
共惟皇帝陛下以聰明操制萬幾以神武經緯六合四十年間凡經幾大禍亂幾大艱危茲重新整頓功業逐日

家乡完婚

回到家乡后，文天祥的母亲一面安慰儿子，一面张罗着儿子的婚事。

文天祥的未婚妻名叫欧阳静娴，是白鹭洲书院山长欧阳守道的侄女。欧阳守道的哥哥欧阳汉也是一名读书人，但他两次参加乡试都名落孙山，家庭生活较为困难。在欧阳静娴不到一岁的时候，欧阳汉和他的妻子都不幸去世。哥嫂离世后，欧阳守道便担负起做父母的责任，照料着自己的侄女，把她

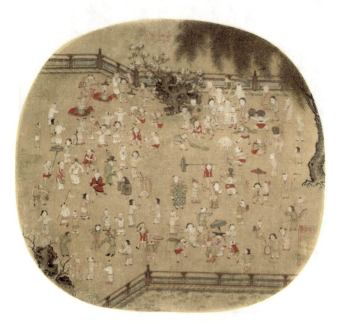

《百子图》 佚名

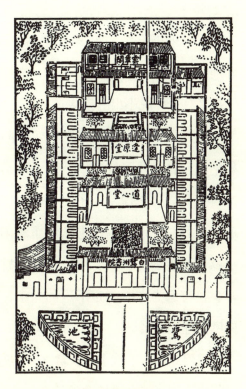

清代白鹭洲书院建筑规模图

当作自己的亲生女儿一般。欧阳静娴慢慢长大了，她也知道自己本是孤儿，是叔叔养育了她，叔叔家中也不宽裕。因此，她很小便能吃苦耐劳、操持家务，让叔叔可以全身心地投入书院的办学之中，这让欧阳守道感到非常欣慰。

文天祥在白鹭洲书院求学时，欧阳守道特别喜欢这个聪明正直、志向高远的学生，经常带他回家，一起探讨四书五经和治国之道。时间长了，欧阳静娴对文天祥也有了更多了解，内心对文天祥既仰慕又有一种说不出的喜欢。

文天祥的父亲文仪非常敬佩欧阳守道的人品和学识，看见儿子成了欧阳守道的得意门生，别提有多高兴。去探望儿子时，有时也会去欧阳守道家中登门拜谢，因此也认识了欧阳静娴。了解了欧阳静娴的身世后，更觉得她温婉贤淑、勤劳善良，有意为文天祥定下这门婚事，于是便正式向欧阳守道提亲。

欧阳守道本来就十分欣赏文天祥这个学生，加上侄女也到了谈婚论嫁的年龄，应该找个好归宿，便一口答应了文仪的提亲。但考虑到会试在即，就决定先订婚，等科考之后再举办婚礼。文天祥进京赶考后虽然高中了状元，但紧接着文仪去世，文天祥要丁忧三年。宋代丧制，亲丧三年内不得做官，已做官的则要解除官职。

如今，文天祥辞官回家了，正是举办婚礼的好时机。宋朝的婚礼比较烦琐，先是在迎亲的前三天，男方要给女方送去梳妆打扮的物品，叫作"催妆"；

迎亲的前一天女方到男方家布置新房、摆出陪嫁物品，叫作"铺房"。婚礼当天，新郎和抬着花轿的迎亲队伍在吹吹打打的锣鼓声中前去迎亲。新娘坐进花轿后，抬轿的汉子们左右摇摆，上下颠簸，让坐在轿里的新娘头昏脑涨、云里雾里，有的甚至呕吐不止。这个时候，新娘的家人就会赶紧拿出钱币给轿夫，他们才会停止"恶作剧"、轻饶新娘子。

迎亲队伍回到新郎家中，婚礼进入高潮。鞭炮声中，有拦门对诗要喜钱的，有撒谷撒豆消灾祈福的，亲友们簇拥着新郎新娘去拜堂。新郎用秤杆挑开新娘的盖头，然后，新郎新娘一拜天地、二拜高堂、夫妻对拜，礼毕夫妻双双进入洞房。

虽然文天祥的父亲文仪已经离世了，但他的祖母和母亲持家有方，把婚事办得风风光光、热热闹闹，文天祥的人生一大喜事也算是完成了。

初任瑞州

文天祥多次上书直言，受到了不少打击和诽谤。左丞相贾似道为了笼络人才，又来拉拢文天祥，将文天祥任命为瑞州（今江西高安）知州。文天祥也正想通过州县治理，来实现他法天不息、改革政治的主张，这是文天祥首次出任地方官。

文天祥到任的前三年，瑞州曾被元世祖忽必烈的元军攻占，元军在瑞州杀人放火，烧杀抢夺，将瑞州洗劫一空，全城的文物都被烧光。

面对这样一座满目疮痍的空城，文天祥开始了大刀阔斧的改革和治理。为了让百姓休养生息，他公布法令，严惩不法之徒，维护了社会安定。同时，他还创设"便民库"，即由官府拿出钱来，提供给百姓借贷和救济之用。文天祥的亲民为官之道，从他写的一首五言律诗中可见一斑。

地胜当兹郡，台高接太微。

观风缘政暇，问瘼恤民饥。

楚相应难作，王孙去不归。

春光频动兴，句就彩毫挥。

——南宋　文天祥《春郊省民憩金沙台》

文天祥初次任地方官时间不长，也就短短一年（1263 年 11 月—1264 年底），但政绩显著，颂声四扬。他整治战乱创伤，恢复名胜古迹，讲学于西涧书院，惩治强权，济抚百姓，抓建设，重教化，为瑞州人民做了许多有益的事。重修名胜碧落堂就是他在瑞州的功绩之一。

碧落堂，始建于宋初，坐落在州治后面的碧落山上，传说唐武德年间（618-626）有凤凰飞于其上，故又名凤山。山上除碧落堂外，当时还有"披仙亭""方沼亭""李八百洞""炼丹井""磨剑池"等，古迹遍布，风景优美，历代名流墨客争相在此做记、赋诗，南宋著名诗人杨万里知瑞州时曾居住在碧落堂。

但蒙古人攻陷瑞州后，碧落堂被破坏得只剩下断壁残垣。文天祥到任后立即进行修复，把杨万里的诗刻在堂石上，并在南宋景定五年（1264）重阳节为碧落堂的重修竣工举行了落成典礼。白鹭洲书院第一任山长、著名的教育家、文天祥生涯中近二十年夙谊兼师友的欧阳守道，特为新堂的落成写了一篇《碧落堂记》以志盛事。兴致勃勃的文天祥当即赋诗一首。

大厦新成燕雀欢，与君聊此共清闲。

地居一郡楼台上，人在半空烟雨间。

修复尽还今宇宙，感伤犹记旧江山。

近来又报秋风紧，颇觉忧时鬓欲斑。

————南宋　文天祥《题碧落堂》

这首诗从表面上看似乎着力在描写碧落堂的落成，诗人登上楼台饱览着决胜妙景时的激动场面。但实际上意在言外，当时战事紧张，前线吃紧，

《楼台春雾图》　袁江

《春郊回雁图》 马麟

诗句中的"秋风紧""鬓欲斑"都是文天祥忧
国忧民的心态写照，从中可见，文天祥始终怀
有一腔忠贞报国的赤诚。

03

罢官

文天祥屡次上书直言，受到不少打击和诽谤，而当朝皇帝宋度宗又是个耽于酒色的无道昏君，左丞相贾似道独掌朝政、专制国命，但文天祥却不愿意与他为伍。贾似道也知道文天祥不好利用，于是文天祥接连被罢官丢职。

首次罢官

南宋景定五年（1264）十月，宋理宗赵昀驾崩，太子赵禥继位，称宋度宗，改年号为咸淳。一朝天子一朝臣，文天祥被召赴临安，授予礼部郎官。但贾似道独掌朝政，文天祥又不愿意与他为伍，贾似道也感到文天祥特别扎手，不好利用。十一月，贾似道奏请宋度宗，改授文天祥为江西提刑。

提刑是"提点刑狱公事"的简称，相当于现在一个省的公安厅长、检察长、法院院长和省军区司令员等几个身份的结合，直接对朝廷负责，地方上没有直接的隶属部门。提刑负责监察州县地方的刑狱、诉讼案件，督察、

《宋度宗坐像》 佚名

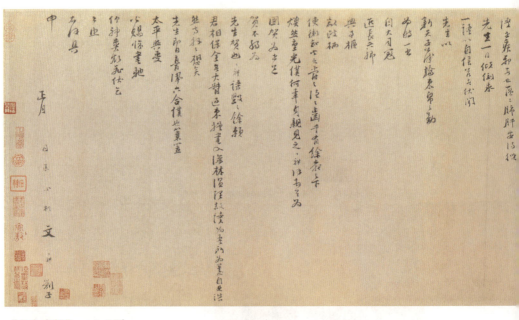

《上宏斋帖》 文天祥

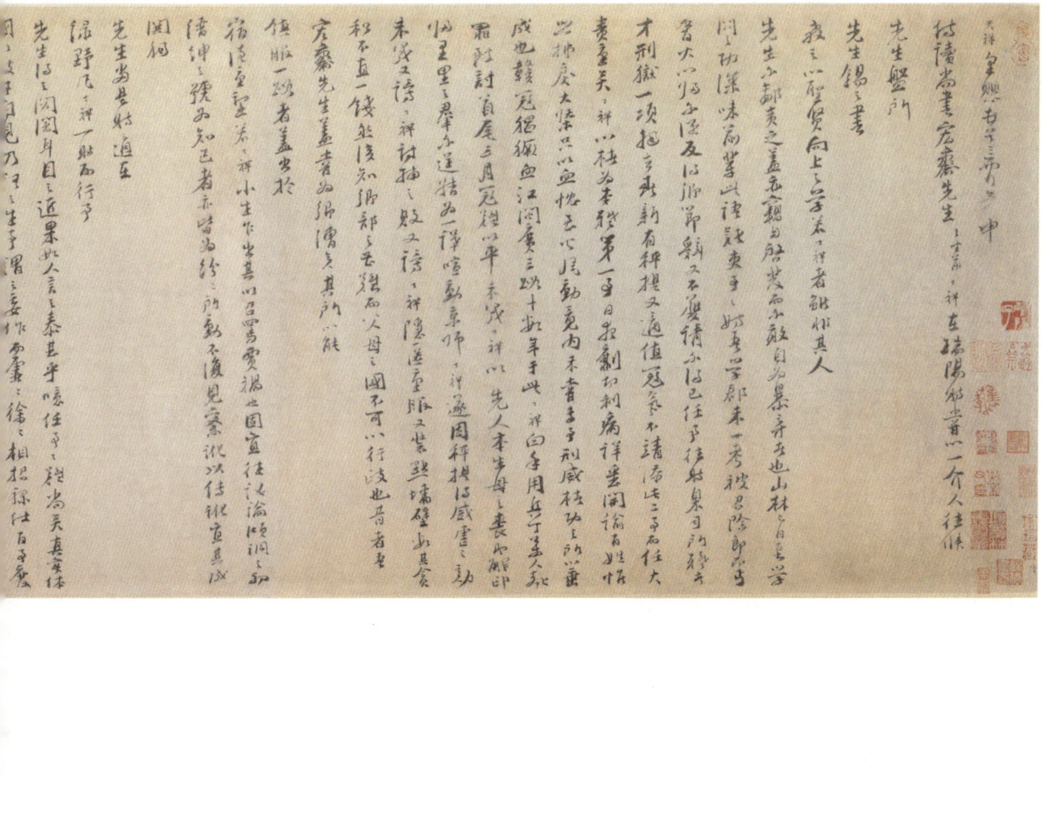

049

先生坚所
先生锡之书
先生不谕

先生为吾特道丕

闻相

审核所辖州县官府审理上报的案件，对其拖延判案、消极抓捕等渎职行为进行弹劾，还负责审理疑难案件、平反冤假错案、接受百姓上诉等。此外，提刑还要维护地方的社会治安，包括剿捕盗贼、镇压造反者等。

文天祥上任江西提刑不久，就有一位老妇人上门告状，请求提刑大人为她申冤。文天祥仔细翻阅案卷，基本弄清了案情。原来，老妇人的儿子陈银匠是一名手艺人，开了一家首饰铺，专门帮人制作银首饰为生。但有一天，一位商人背了一个钱褡子从他家商铺经过，陈银匠见了，叹息说："我们做手艺好苦啊，要是有这么多钱就好了。"凑巧第二天早晨，有人在附近的后山中发现了这位商人的尸体，于是将陈银匠说过的话报告了官府的捕头。捕头不问青红皂白，认定是陈银匠谋财害命，抓住他就重刑逼供，推司、法司等部门也草草"明正典刑"，最后将陈银匠作为凶手就地正法。

陈银匠一案，刑部早已定案了结，陈银匠也已经人头落地。但刚正不阿、疾恶如仇的文天祥却觉得此案破绽百出，是一宗明显的冤假错案。于是，他带着手下的人微服私访，多方查证，最终找出了真凶，将真凶处决，并将捕头和推司、法司等部门的贪赃枉法人员一一法办，陈银匠的母亲则由官府终身赡养。全城的老百姓奔走相告、拍手称快，颂赞文天祥是"文青天"。但有人欢喜有人忧，被查办革职的官员很快将诽谤文天祥专横跋扈、别有用心的告状信报到了朝廷的台臣黄万石那里，这位黄万石曾任江西安抚副史，那些被查的官员大多是他当年的部下。黄万石又跑到贾似道面前诉说文天祥的"罪行"，贾似道也很愤恨文天祥不识好歹、不受抬举，便默许黄万石弹劾文天祥"横行霸道，恣意妄为"。宋度宗是个无道的昏君，耽于酒色，贾似道专制国命。使得文天祥第一次被罢了官、丢了职。

接连罢官

罢官后回到老家的文天祥和好友一起耕读、游玩。他们怡情山水，经常去文山寻奇索幽，托物兴怀，借景咏志。南宋咸淳三年（1267）九月，文天祥被起用，任吏部尚书左郎官。十二月，赴临安就职。次年正月，又兼任学士院权直、国史院编修官、实录院检讨官，参与撰写朝廷的制、诰、诏、令，以及编修国史和实录。可是，文天祥仍然坚持我行我素，不与贾似道合作，甚至跟他唱反调，贾似道气得直咬牙。文天祥上任仅仅一个月，贾似道便指使黄万石从文字上钻空子，奏免了文天祥所任的职务。

《树下读书图》　吴伟

南宋咸淳五年（1269）三月，文天祥十分敬仰的江万里、马廷鸾分别出任左右丞相兼枢密使，这两人是有名的忠臣，给日薄西山的南宋王朝带来了一线光亮。四月，朝廷任命文天祥为宁国府（今安徽宣城）知府。宣州宁国府，历史上颇有名气，市井繁华，物阜民丰。然而文天祥抵达后却发现，由于官吏失职，政务荒怠，社会经济凋敝，百姓生计极其困难。文天祥上任后，一方面日夜操劳，以身示范，发动民众生产自救。另一方面表奏朝廷，恳请免除宁国府的赋税，没想到朝廷很快就批准了他的奏请。宣州百姓也没有忘记他的恩德，在他离开之后大家捐钱建立生祠以示对他的感激与怀念。

南宋咸淳六年（1270）正月，文天祥改任军器监兼右司，四月，他离开宁国府赴临安供职，不久又兼任了崇政殿说书、学士院权职、玉牒所检讨官。其中，学士院权职主要负责是替皇帝起草诏书，而崇政殿说书则负责直接为皇帝讲说书史、解释经义，就如他当年为还是太子的宋度宗讲课一样。遗憾的是，当文天祥抵京任职时，江万里却被贾似道弹劾罢免了左丞相。宋度宗对贾似道言听计从，尊他为"师臣"。为了抬高自己在皇帝、太后乃至大臣们心目中的地位，贾似道经常"乞归养"要辞职退休，每一次都要皇帝以手诏挽留他。

当年六月，贾似道故伎重演，又托疾要回故乡绍兴。宋度宗命右丞相马廷鸾和吏部侍郎赵顺孙奏请挽留他，旨令学士院草诏不允。诏书由学士院权职起草，恰巧轮到文天祥当制。他非常看不惯贾似道的伎俩，替宋度宗起草的诏书里无一句褒辞，结尾还是"所请宜不允"五个字，并且没有送给贾似道过目便直接"进呈御前"呈送给了皇帝。贾似道得知后暴跳如雷，授意台臣张志立上奏罢免了文天祥。七月，文天祥第三次被排挤出了官场。

任职湖南

元至元八年（1271）十一月，北方的蒙古族结束了内部争夺皇位自相残杀局面，元世祖忽必烈取《易经》"大哉乾元"之义，将国号由"大蒙古国"改为"大元"，建立了元朝。次年，升中都燕京为大都。元至元十一年（1274）正月初一，元大都的皇宫建成，元世祖忽必烈与皇后察必驾临大明殿，并坐七宝云龙御榻，举行元正朝贺大典，受百官朝贺。

在创建中央集权制的封建王朝之时，元世祖忽必烈鸷鹰般的目光始终逼视着南宋。南宋咸淳九年（1273），元朝丞相伯颜统领 20 万大军攻下襄阳、樊城，并以此为突破口，顺江而下，不到两年时间，元军便攻到了南宋都城临安的近郊。元军所过之处，尸横遍野，血流成河，农田荒废，百业凋敝，已经病入膏肓的南宋朝廷处于"山雨欲来风满楼"的境地。

南宋咸淳九年（1273）正月，文天祥被朝廷任命为湖南提刑，结束了两年多在家悠闲自在的山居生活。文天祥接旨后于四月离乡，五月初到达湖南衡阳就任。此时，文天祥十分敬重的左丞相江万里被贬为湖南安抚大使兼知潭州（今湖南长沙）。衡

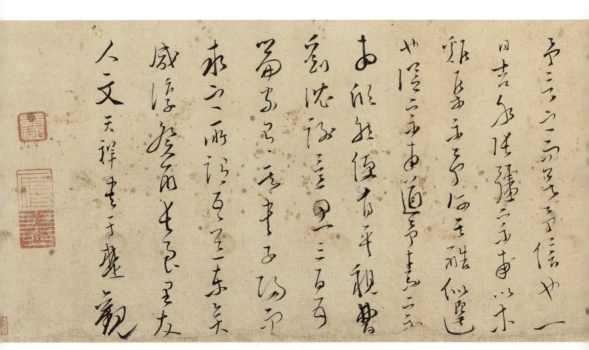

《木鸡集序》　文天祥

三百五十年傳之奏以為
石豈遷生遂亦石趙季平為

一而獨石五五五五之至達詩
以醫亦未之世紀為三古陵崔

崇為馬好雄隱為姑鵰
一此雅以不永傳如曰

一同子之來有為如飛攣
此三重旨無味為雄道書

一者偽假遷也亦可狗者而
選以此見遷之天生去詩也

後氣好下多所選為門
老詩以為遷一師選為門

阳离长沙不到 400 里路，上任不久，文天祥便去拜见这位先贤。江万里时年 76 岁，与文天祥虽是两代人，但江万里平素就很赞赏文天祥的志向、气节，两人对时局的看法和政见高度一致，加上文天祥的母校白鹭洲书院当年就是江万里一手创办的，文天祥的恩师——白鹭洲书院第一任山长欧阳守道也是江万里亲自选拔的，所以两人相见恨晚，互倾胸臆，纵论国事。面对当时襄阳、樊城的失守和朝廷的奸臣当道，两人都产生了深深的忧虑。江万里语重心长地对文天祥说："吾老矣，观天时人事，当有变，吾阅人多矣，世道之责，其在君乎，君其勉之！（人生七十古来稀，我已经老了。眼见天时人事，大变在即。我见过的人也有很多，如今挽救大局的重任，要落在你的肩上，你一定要勤勉报国。）"秉性耿直、为政清廉的江万里把抵抗元军、挽救宋王朝的希望寄托在文天祥身上，他认定，在风雨飘摇的朝廷中，唯有文天祥是中流砥柱，可力挽狂澜。

然而，此时的文天祥还只是一个地方官，他能做的也仅仅是湖南提刑官职权之内的事情。但他历来在其位谋其政，无论在什么官位，他都是兢兢业业，恪尽职守。一是把湖南州县积压的案件全部予以处理。"凡情轻当放释者,从所委官逐名点对,取判施行",马上释放。对身强力壮又无残疾的,也不让他们坐牢等死了,将他们"驱于极边""发往荆、蜀、淮海",去同元军作战,"死中求生",既增加了军队的兵力,又给了死犯们一条生路。二是严厉制裁违法犯纪的官员。"决脊杖七十,刺配千里州军。"对那些贪赃枉法、鱼肉百姓的官员,文天祥绝不姑息,有些犯了大错但不是犯罪的官员,竟然被文天祥发配到了千里之外。三是平定地方叛乱。平定叛乱是提刑官的分内职责,面对"杀死知县,杀伤县尉主学,卷去县印,屠民居,掳妇女,掠去财物"的秦孟四叛乱,文天祥认为秦孟四起事不同于"官逼民反",因而亲率千余官兵征讨,攻克了秦孟四占领的龙虎关,并终于将之平定,肃清了叛乱。秉公执法、体恤民情、忠君报国的文天祥受到当地各界的赞扬。

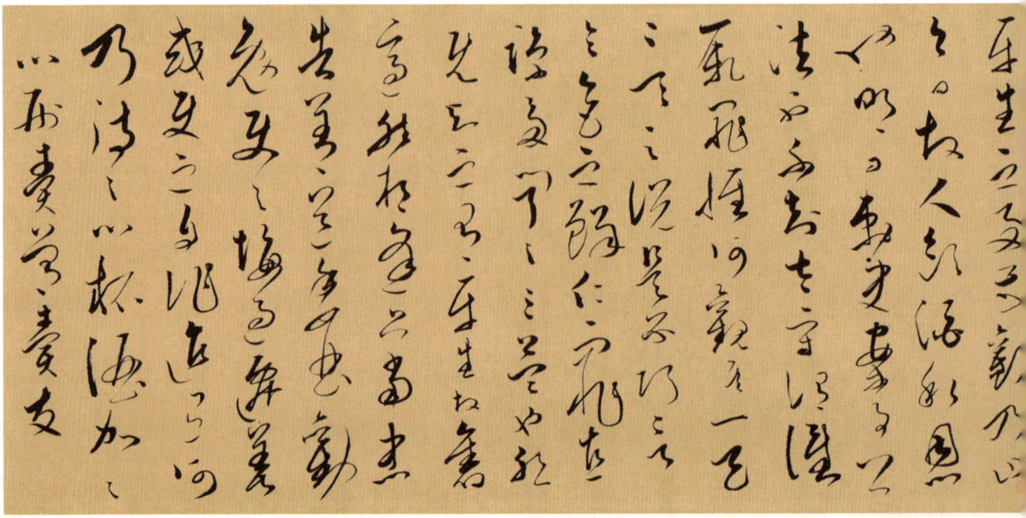

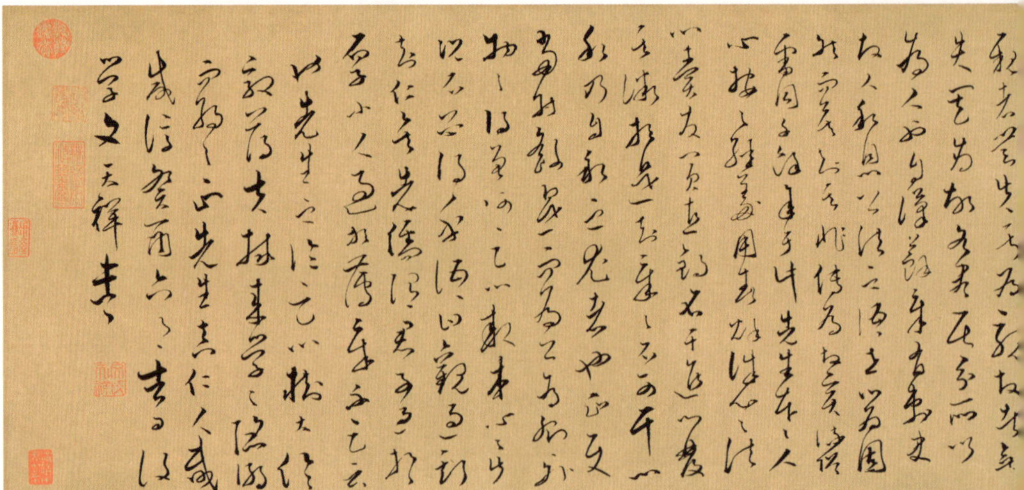

《书谢昌元〈座右自警辞〉》　文天祥

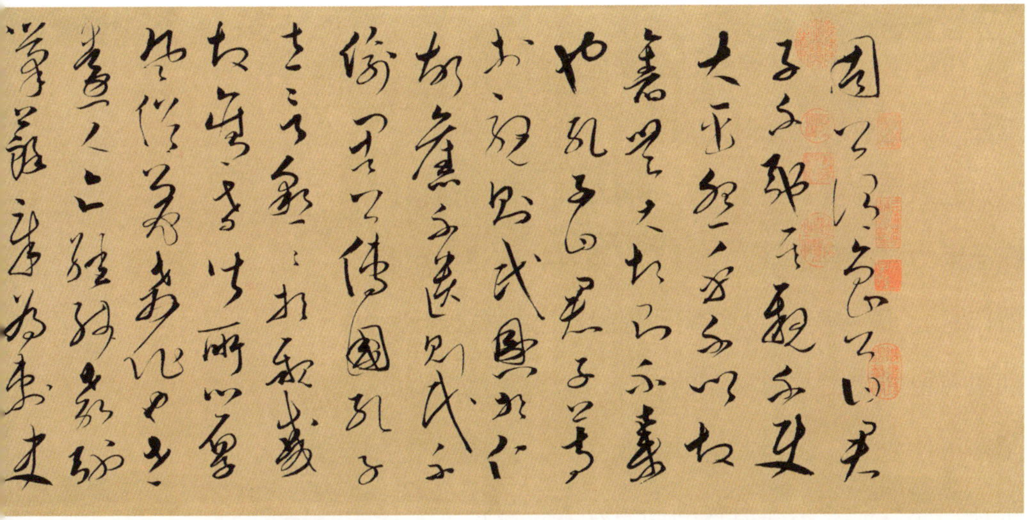

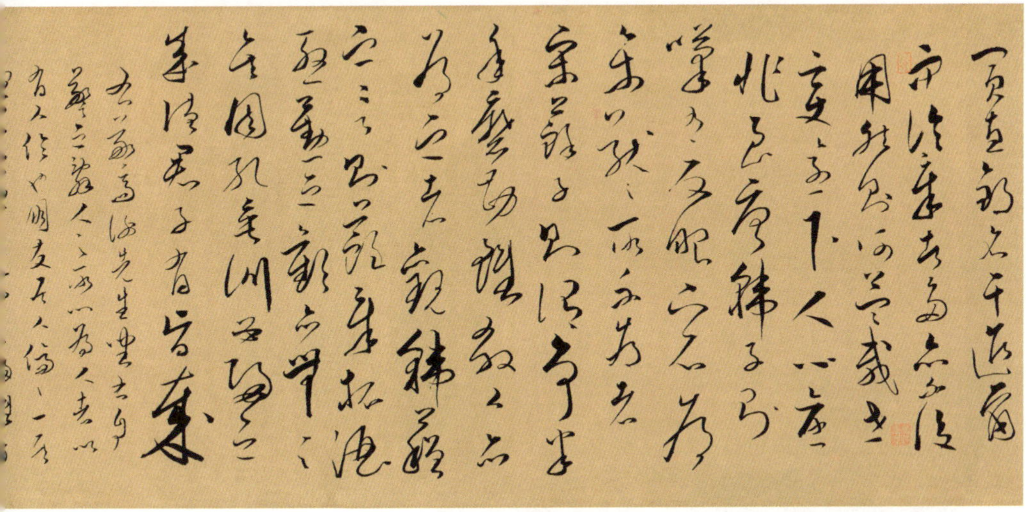

诏知赣州

在衡阳，江万里希望他将来能担起"挽救大局重任"，这殷殷嘱托时刻在文天祥的耳边响起，但对自己怎样才能担此重任又一筹莫展。他知道自己在湖南为官没有根基，一旦元军渡江，他也很难有所作为。一天深夜，文天祥突然想起自己的故土江西，那里有留居文山足智多谋的刘洙、骁勇善战的赣州三寨巡检尹玉、吉州敢勇军将领张云、熟读兵书的张汴，还有很多志同道合的同乡友人，若把大家聚

《春江行舟图》 佚名

集在一起，将来抵抗元军就有力量了。于是，文天祥立即上书朝廷"乞便郡侍亲"，以服侍年迈的祖母和母亲为由，请求调任离家乡近些的地方。宋度宗恩准了他的请求，下诏任命他为赣州知州，因为赣州与吉安是近邻，可"奉亲地近"。

南宋咸淳十年（1274）正月二十五日，文天祥从衡阳乘船出发，沿湘江过衡山，经湘潭、萍乡，抵达庐陵。在家乡富田小住数日后，便带上家中老小，乘船溯赣江而上到达赣州。

赣州以章水、贡水在此合流成赣江而得名。阳春三月，风和日丽，眼看着全家人的欢乐团聚，回想起十数年的宦海浮沉，文天祥情随境迁、心绪宽畅，在途经泰和县时，他写了一首五言律诗。

重来鸥阁晓，帆影涨新晴。

倚槛云来去，闲帘花送迎。

江湖春汗漫，岁月老峥嵘。

手把忘忧草，夔夔绕太清。

——南宋　文天祥《将母赴赣，道西昌》

《江亭晚眺图》 朱光普

　　春光融融，万物复苏，争荣竞秀，字里行间跳动着一种欢快的节奏和激荡的情调，这可能是文天祥此生最美好的一段回忆了。

文天祥任赣州知州也只有十个月。在这不长的时间内，他是如何治理赣州的，或许可从他写给江万里的书信中窥见一二，信中他写道："赣去吉一水三百里，而气候风土习俗，事事不同，未春已花，才晴即热，山川之绸缪，人物之伉健，大概去南渐近，得天地阳气之偏，看来反不可以刑威慑，而可以义理动。"文天祥根据当时当地的特点，定出治赣方略："不可以刑威慑，而可以义理动"，就是"忠孝节义"的礼教教育。

这年六月是文天祥的祖母刘氏 87 岁诞辰，借着寿宴机会，文天祥把赣州城 70 岁以上的老人都请了来，总共有 1390 人，其中还有一位 97 岁的老太太。文天祥不仅宴请抚慰这些老人，还给他们赠送衣物，开展了一场规模盛大的敬老活动，以儒家的孝敬、仁爱恰到好处地调动了社会的积极因素，使老者踊跃，少者都知以老为贵。在他的执政治理下，赣州所属 10 个县"诸县民皆乐业"，百姓安居乐业，社会安定祥和。

文天祥虽然将赣州治理得秩序井然，但他一天

《寿宴图屏》　佚名

也没有忘记北方的战事。当时，元军已经攻陷了鄂州，鄂州为楚上游，这样一来，京城临安便危在旦夕了。忧心忡忡的文天祥有一天登上了赣州城西北部贺兰山顶的郁孤台，联想到自己敬仰的抗金英雄辛弃疾。当年辛弃疾任江西提刑时也曾驻节赣州，并写下那首《菩萨蛮·书江西造口壁》，来抒发他对靖康之耻以来家国沦亡的创痛和收复无望的悲愤，表达出矢志不渝的爱国情怀。

郁孤台下清江水，中间多少行人泪。

西北望长安，可怜无数山。

青山遮不住，毕竟东流去。

江晚正愁余，山深闻鹧鸪。

——南宋 辛弃疾《菩萨蛮·书江西造口壁》

文天祥的心情与一百年前的辛弃疾何其相似，都是空有雄心壮志，却又报国无门。辛弃疾对国家兴亡的感慨，引起了文天祥的爱国情思，他满怀激情地写下了：

《雕台望云图》 马远

城郭春声阔，楼台书影迟。

并天浮雪界，盖海出云旗。

风雨十年梦，江湖万里思。

倚栏时北顾，空翠湿朝曦。

——南宋　文天祥《题郁孤台》

他幻想着云旗盖海、兴师北伐的日子能够尽快
到来，然而万万没有料到，当他在郁孤台倚栏北顾时，
望来的不是云旗，而是一纸勤王诏书。

04

勤王

南宋德祐元年（1275），南宋军队被元军消灭殆尽，临朝听政的太皇太后谢道清无奈之下发出《哀痛诏》，号召全国的忠臣义士迅速举兵勤王。文天祥接到《哀痛诏》时『捧诏涕泣』，声泪俱下，三天后他便『移檄诸路，聚兵积粮』，义无反顾地为国纾难、勤王杀敌。

举兵勤王

南宋德祐元年（1275），南宋丞相贾似道统领的13万大军被元军全部消灭，朝廷便再也无兵可用了。此时的宋恭宗赵显尚年幼，太皇太后谢道清临朝听政，无奈之下，只得发出《哀痛诏》："愤兹丑虏，闯我长江……尚赖文经武纬之臣，食君之禄，不避其难；忠肝义胆之士，敌王所忾，以献其攻……告体上天福华之意，起诸路勤王之师，勉策勋名，不吝爵赏。故兹诏谕，想宜知悉。"号召全国的忠臣义士迅速举兵勤王。

文天祥接到《哀痛诏》时"捧诏涕泣"，声泪俱下。另外，还有一道下达给他的专旨："文天祥江西提刑，照已降旨，疾速起发勤王义士，前赴行在。"在朝廷眼里，文天祥仍是个提刑官，但不管在什么位置，精忠报国对于他而言都责无旁贷。

三天后，文天祥立即"移檄诸路，聚兵积粮"，开始部署勤王杀敌。举兵勤王，对于文天祥来说，是他人生的一个重要转折点，标志着他救国救民非常时

《豳风图》之东山　马和之

期的来临。从此，一代文魁文天祥，在烽火连天中高举抗元的大旗，开始了捍卫国家的战斗历程。

朝廷只给了文天祥一个江西提刑的头衔，命他火速勤王。但在这么短的时间里，兵将到哪里去找？军饷又如何筹措？这是摆在文天祥面前的两大难题。以救国救民为己任的文天祥，并没有被困难吓倒，他具有一种压倒一切的气势和魄力，一往无前，义无反顾。

由于文天祥素有人望，听闻文天祥在招募义士，庐陵、赣州、粤北、湘东的百姓纷纷响应，大家都踊跃报名从军、杀敌报国。老将王辅佐带领一支人马来到赣州，文天祥很受感动，亲赴郊外迎接。广东统

制方兴、赣州三寨巡检尹玉、赣军将领麻士龙、吉州敢勇军将官张云和广军将领朱华等，都先后率部投奔勤王军，并得到了文天祥的重用。短短几个月，招募的义军便达 5 万之众。朝廷还先后诏令文天祥为右文殿修撰、枢密院都承旨、江西安抚副使兼知赣州，后来又晋升为集英殿修撰，加授江西安抚使。

但这支义军的士兵大多数来自乡土百姓，没有经过专门训练，更没有作战经验。太学生王炎午等人向文天祥提出建议：淮人善战，很有必要招收一批有战斗经验的淮兵，让他们来训练义军的士兵，提高义军的战斗力。文天祥当即采纳了王炎午等人的建议，安排人员去淮北招兵并日夜操练。

为了解决军饷难题，文天祥义无反顾地变卖家产，为国纾难。不仅是文天祥，他的母亲、妻子、儿女都深明大义，全力支持文天祥，变卖全部家产作为军饷供义军开销。

然而，救国的道路并不平坦，征程上坎坎坷坷，他们出发不久便碰到了麻烦。江西安抚使黄万石向朝廷承上了一本，参奏文天祥的人马是一群乌合之众，军容不整，纪律松懈。圣旨下来，敕令文天祥军留屯隆兴府（今江西南昌），不得开赴临安。

接到留屯隆兴的诏命后，文天祥猜测是有人作梗，于是把军马驻扎在吉州，向投降派发起了反击，上书朝廷义正词严地进行申辩，请求收回留屯隆兴的圣旨。他上呈的奏折大意是说：天祥以身许国，抗元义不容辞，何况举兵勤王是秉承圣上的专旨。朝廷未给一兵一卒、一个铜板一粒米，臣白手起家，好不容易才组建了这么一支人马。他们大都来自爱国的百姓，忠勇奋发，精忠报国。让将士们开赴前线，临阵杀敌，可以以一当十，无坚不摧。如果留在地方上守城，不但发挥不了作用，而且很可能自行解散。奏折送到临安后，复旨很快便下达到了吉州。开头赞许文天祥"忠勇可佳，词气甚壮，此朝廷之所乐闻"。接着说他的军马"留屯隆兴其为效与勤王等"，最后要求勤王军"暂驻隆兴府，等待以后的诏书"。因此文天祥只得屯兵吉州。

入卫京畿

熟悉南宋历史的人都知道，南宋反抗元军侵略的最后一战，是发生在南宋祥兴二年（1279）的崖山（今广东江门崖门镇）海战。而4年前，南宋和元军之间就发生过一场"宋人不复能军"的重要战役，这个战役就是焦山之战。

南宋德祐元年（1275）六月，抗元名将、民族英雄张世杰调集了大小战船万余艘，准备在可以控制长江中下游的关键节点——焦山水域与元军决一死战。焦山一带的长江江面宽阔、水深流急、风浪甚大，宋军以10船为一组，用铁链相连，结成方阵，排列于江心。七月，元军采用水陆协同作战、两面夹攻、中央突破并施以火攻的战法，最终击败了南宋军队的阻击，致使南宋长江防线彻底崩溃，从此，南宋的正规军队不复存在了。

焦山之战宋军大败，朝廷空虚，临安城危在旦夕，急需军马护驾，文天祥在吉州终于又接到了入卫京畿的圣旨。勤王军离开停

《焦山烟雨图》　董其昌

留了 3 个多月的吉州，取道抚州、衢州，走上了向临安进发的征途。勤王义军费尽千辛万苦，几经周折赶赴都城临安，应诏勤王。

但是，南宋的投降派对内是从不让步的，当朝的左、右丞相留梦炎、陈宜中一直主张走和谈之路，对主战派的文天祥始终采取了防范措施，当文天祥的义军到达衢州时，他们立即奏请太皇太后，不让文天祥的兵马进入临安城。朝廷下了一道圣旨，任命文天祥权（代理）工部尚书，兼都督府参赞，浙西、江东制置使，兼江西安抚大使，知平江府事，后来还加封他为端明殿学士。同时，朝廷命令文天祥前往平江府（今江苏苏州）守卫。

文天祥利用"陛辞"的机会，奏请朝廷处死要求投降议和的兵部尚书吕师孟，把投降的气焰打下去。针对投降派散布的只有求和、别无良图的论调，文天祥重新提出了"仿方镇以建守"的主张。联系现实，他设计了一个完整而具体的挽救危机的方略：设置长沙、隆兴、番阳、扬州四镇，建都督府统御其中，周围策应，形成有力的拳头，变消极防御为战略性反攻，四镇同时行动，发挥整体优势，变我守为我攻，由被动挨打变成主动进攻；在进攻中，调动全国的人力、物力和财力，众志成城，打开抗元卫国的新局面。

然而，朝廷并不理会文天祥的建言，以议论"阔远"为由，将奏折打入了"冷宫"。文天祥便在平江修筑工事、加固城防，指挥义军与进犯的元军展开殊死拼杀，担负起守卫京畿、抵抗外族侵略的重任。

临危拜相

南宋德祐元年（1275）十月，元朝右丞相伯颜兵分三路向南宋都城临安进军，他亲率中路军主力进攻常州。常州的军民团结一心，视死如归，纷纷加入保家卫国的战斗中，就连护国寺的长老也率领500名僧人参战，顽强抵抗入侵之敌，但最后全部悲壮地血染战场。十一月，常州沦陷。由于南宋军民同仇敌忾，元军也付出了沉重的代价，城楼上、街巷中、田野里到处是元兵的尸首。进入常州后，恼羞成怒的伯颜下令屠城，常州的男女老少一个不留。元军便在常州进行了灭绝人性的大屠杀，常州全城仅有7人躲在桥下免遭屠杀，其余百姓全部被杀光。文天祥在他的诗中这样写道：

山河千里在，烟火一家无。

壮甚睢阳守，冤哉马邑屠。

苍天如可问，赤子果何辜？

唇齿提封旧，抚膺三叹吁。

——南宋　文天祥《常州》

南宋德祐二年（1276）正月，元军很快杀到了都城临安，并将临安城团团围住，都城内被一片恐怖笼罩。正月十八日，太皇太后看到大势已去，急忙派遣使者携带传国玉玺和皇帝降表，去向伯颜请降。降表中写道："宋国主显谨百拜奉表言：显眇焉幼冲，遭家多难，权奸贾似道背盟误国，至勤兴师问罪。显非不欲迁避以求苟全，奈天命有归，显将焉往。谨奉太皇太后命，削去帝号，以两浙、福建、江东西、湖南、两广、四川、两淮见存州郡，悉上圣朝，为宗社生灵祈哀请命。伏望圣慈垂念，不忍显三百余年宗社遽至殒绝，曲赐存全，则赵氏子孙世世有赖，不敢弭忘。"

降表虽然已经献上，但还需要南宋的右丞相陈宜中与元朝的右丞相伯颜签字画押。陈宜中害怕自己背负卖国的骂名，当晚，他来了个不辞而别，悄悄逃出了临安城。

第二天早朝，垂帘听政的太皇太后得知陈宜中逃跑后心头一惊，但仍强作镇定。胆小怕事的左丞

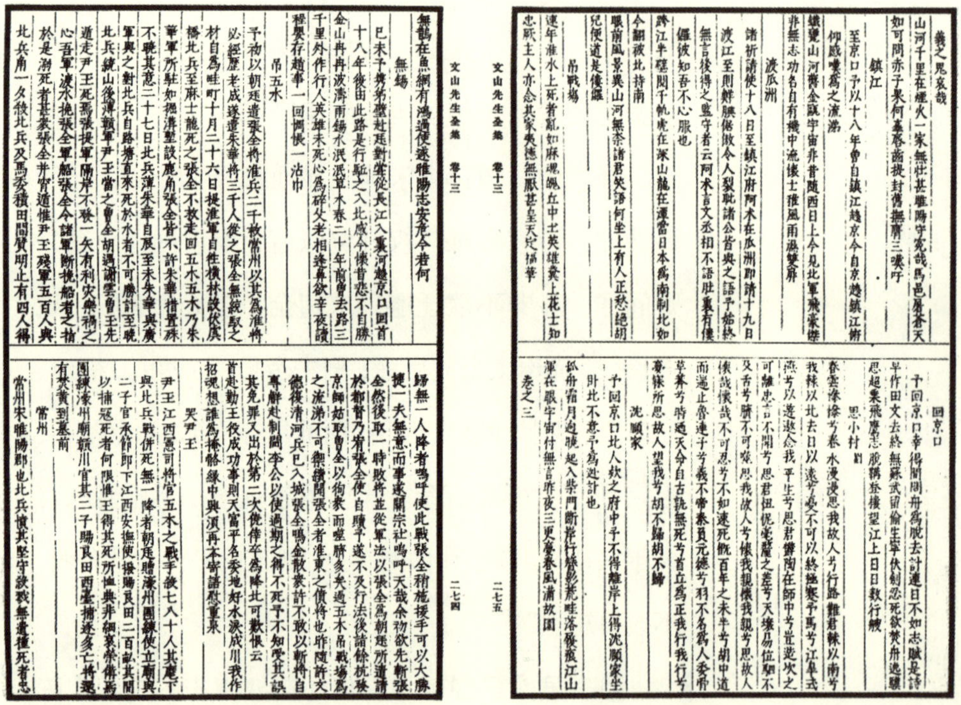

文山先生全集　卷十三

無鵠在魚網有鴻適彼逵睢陽志安危今君何

無錫

己未予與弟璧赴廷對嘗從長江入襄河趨京口回首十八年復由此路是行驅之入北感今懷昔悲不自勝

金山冉冉波濤雨錫水泯泯草木春二十年前曾去路三千里外作行人英雄未死心為碎父老相逢鼻欲辛夜讀程嬰存趙事一回惆悵一沾巾

吊五木

予初以朝廷遣張全將淮兵二千救常州以其為淮將必經歷老成遂遣朱華將三千人從之張全無統馭之材自為畦町十月二十六日提淮軍自性横林設伏虞橋北兵至麻士龍死之張全不救走回五木五木乃朱華軍所駐如掘溝壘設鹿角張全皆不許朱華措置麻不曉其意二十七日北兵薄朱華自辰至未朱華與廣軍與之對北兵自路塘直來死於水者不可勝計至晚北兵繞山後薄顛軍尹玉當之曾全胡遇謝雲曾玉先遁走尹玉死焉張提軍隔岸不發一矢有利災樂禍之心吾軍渡水挽張全軍船張全令諸軍斷挽船者之指於是溺死者甚衆張全并胥遁惟尹玉殘軍五百人與北兵角一夕殺北兵及馬委積田間質明止有四人得歸無一人降者嗚呼使此戰張全稍施援手可以大勝捷一夫無意而事遂關宗社嗚呼天哉余初欲先斬張全然後取一時敗將並從軍法以張全為朝廷所遣請於都督乃宥張全使自贖予遂不及行法後諸餘杭移京師姑取曾全以徇衆而噬臍多矣過五木吊戰場為之流涕不可禁續聞張全者淮東之債將也昨隨許文德復清河兵已入城張全鳴金散衆許不敢以斬將自專辭赴制閫李公以使過期之得不死予不知受其誤其免罪又出於第二次僥倖卒為降北可歎恨云

首赴勤王役成功事則天富平名委地好水泳成川我作招魂想誰為掩骼緣中興須再木寄語慰重泉

哭尹玉

尹玉江西憲司將官五木之戰手殺七八十人其麾下與北兵戰併死無一降者朝廷贈濠州團練使立廟與二子官承節郎下江西安撫使撥賜良田二百畝其間以捕寇死者何限惟玉得其死所恤典非細哀榮備焉

團練濠州廟穎川官其二子賜良田西臺捕逐多亡將還有焚黃到墓前

常州

常州宋雎陽郡也北兵憤其堅守殺戮無遺種死者忠

二七四

文山先生全集　卷十三

義之思哀哉

山河千里在煙火一家無壯甚睢陽守冤哉馬邑屠蒼天如可問赤子果何辜暮齒提封舊撫膺三嘆吁

鎮江

至京口予以十八年曾自鎮江趨京今自京趨鎮江術仰感嘆為之流涕

鐵甕山河舊金甌宇宙非昔隨西日上今見北軍飛豪傑非無志功名自有機中流懷士稚風雨濕雙扉

渡瓜洲

諸祈請使十八日至鎮江府阿术在瓜洲即請十九日渡江至則鮮腆倨傲令人裂眦諸公皆與之語予始終無言後得之監守者云阿术言文丞相不語肚裏有慢儸彼知吾不心服也

跨江半壁閱千帆虎在深山龍在淵當日本為南制北如今翻被北持南

眼前風景異山河無奈諸君笑語何坐上有人正愁絕胡兒便道是僂儸

吊戰場

連年淮水上死者亂如麻魂魄丘中土英雄糞上花士知忠厭主人亦念其家夷德無厭甚皇天定禍華

回京口

予回京口幸得間關舟為脫去計連日不如志賦是詩

早作田文去終無蘇武留偷生寧伏劍忍死欲焚舟逃驥思超集飛麈志服羇登樓望江上日日數行艘

思小村　劉

春雲慘慘兮春水漫漫思我故人兮行路難君騎以南兮我騎以北去日以遠兮憂不可以終極寒予馬兮江皋式燕兮以遨遊念我平生兮思君鬱陶在師中兮豈遊次之可離忠言不聞兮思君扭怩寵簋之差兮天壤易位駟不及舌兮臍不可噬思我故人兮懷我親懷我親兮思故人懷哉懷哉不可忍兮不如速死慨百年之未半兮胡中道而遽止魯連子兮義不帝秦負元德兮羽不名為人委肉草莽兮時遇天命自古孰無死兮首丘為正我行我行兮寡悴所思故人望我兮胡不歸胡不歸

沈頤家

予回京口北人狀之府中予不得離岸上得沈頤家坐卧此不意予為逃計也

孤舟霜月迫疏起入柴門斷岸行蹤影荒畦落夜痕江山渾在眼宇宙付無言昨夜三更夢春風滿故園

卷之三

二七五

《文山先生全集》第十三卷之常州　文天祥

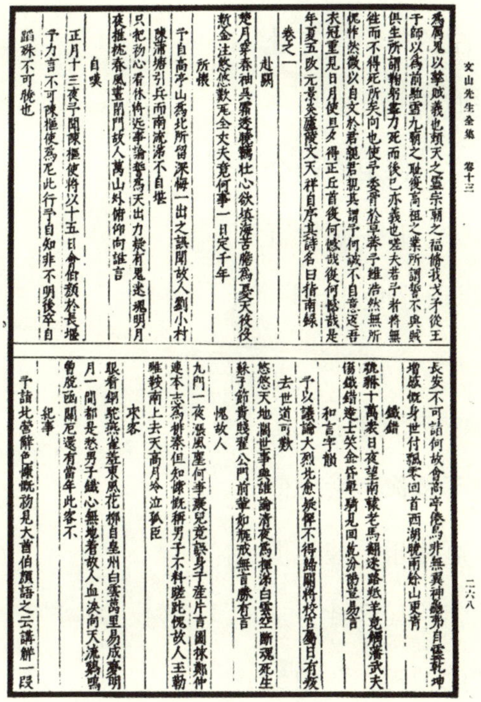

文山先生全集　卷十三

為虜兒以擊賊義也頼天之靈宗廟之福脩我戈矛從王于師以為前驅雪九廟之耻復高祖之業所謂誓不與賊俱生所謂鞠躬盡力死而後已亦義也嗟夫若予者將無往而不得死所矣向也使予委骨於草莽予雖浩然無所愧怍然微以自文於君親君親其謂予何誠不自意返吾衣冠重見日月使旦夕得正丘首復何憾哉復何憾哉是年夏五改元景炎廬陵文天祥自序其詩名曰指南錄

卷之一

赴闕

楚月穿春袖吳霜透曉鞯壯心欲填海苦膽為憂天役役歎金注悠悠歎瓦全丈夫竟何事一日定千年

所懷

予自高亭山為北所留深悔一出之誤聞故人劉小村陳蒲塘引兵而南流涕不自堪

只把初心看休將近事論誓為天出力疑有鬼迷魂明月夜推枕春風晝閉門故人萬山外俯仰向誰言

自嘆

正月十三夜予聞陳樞使將以十五日會伯顏於長堰予力言不可陳樞使為尼此行予自知非不明後卒自蹈殊不可曉也

長安不可詣何故會高亭倏爲非無翼神龜弗自靈乾坤增感慨身世付飄零回首西湖曉雨餘山更青

鐵錯

貔貅十萬衆日夜望南轅老馬翻迷路羝羊竟觸藩武夫傷鐵錯達士笑金昏單騎見回紇汾陽豈易言

和言字韻

予以議論大烈北愈嫉悍不得歸關將校皆為日有叛去世道可歎

悠悠天地闊世事與誰論清夜為揮涕白雲空斷魂死生蘇子節貴賤翟公門前輩如瓶戒無言勝有言

愧故人

九門一夜漲風塵何事癡兒竟誤身子產片言圖救鄭仲連本志為排秦但知慷慨稱男子不料蹉跎愧故人玉勒雕鞍南上去天高月冷泣孤臣

求客

眼看銅駝燕雀羞東風花柳自皇州白雲萬里易成夢明月一間都是愁男子鐵心無地着故人血淚向天流雞鳴曾脫函關厄還有當年此客不

紀事

予詣北營辭色慷慨初見大酋伯顏語之云講解一段

二六八

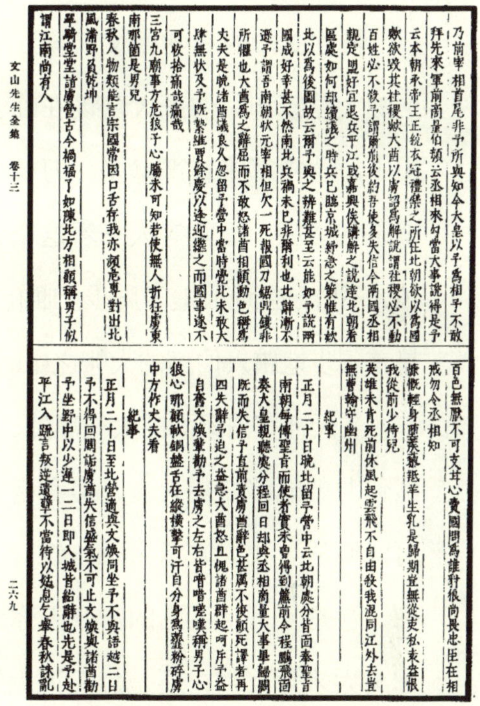

文山先生全集　卷十三

乃前宰相首尾非予所與知今大皇以予為相予不敢拜先來軍前商量伯顏云丞相來勾當大事說得是予云本朝承帝王正統衣冠禮樂之所在北朝欲以為國歟欲毀其社稷歟大酋以虜詔為解說謂社稷必不動百姓必不殺予謂爾前後約吾使多失信今兩國丞相親定盟好宜退兵平江或嘉興俟講解之說達北朝看區處如何却續議之時兵已臨京城紓急之策惟有款北以為後圖故云爾予與之辨難甚至云能如予說兩國成好幸甚不然南北兵禍未已非爾利也北辭漸不遜予謂吾南朝狀元宰相但欠一死報國刀鋸鼎鑊非所懼也大酋為之辭屈而不敢怒諸酋相顧動色稱為丈夫是晚諸酋議良久忽留予營中當時覺北未敢大肆無狀及予既縶維賈餘慶以逢迎繼之而國事遂不可收拾痛哉痛哉

三宮九廟事方危狼子心腸未可知若使無人折狂虜東南那箇是男兒

春秋人物類能言宗國常因口舌存我亦瀕危專對出北風滿野負乾坤

單騎堂堂詣虜營古今禍福了如陳北方相顧稱男子似謂江南尚有人

百色無厭不可支甘心賣國問為誰豺狼尚畏忠臣在相戒勿令丞相知

慷慨輕身墮蒺藜羝羊生乳是歸期豈無從吏私袁盎恨我從前少侍兒

英雄未肯死前休風起雲飛不自由殺我混同江外去豈無曹翰守幽州

紀事

正月二十日晚北留予營中云北朝處分皆面奉聖旨南朝每傳聖旨而使者實未曾得到簾前今程鵬飛面奏大皇親聽處分程回日却與丞相商量大事畢歸闕既而失信予直前責虜酋辭色甚厲不復顧死譯者再四失辭予迫之益急大酋怒且愧諸酋群起呵斥予益自奮文煥輩勸予去虜之左右皆嘖嘖嗟嘆稱男子心

狼心那顧歃銅盤舌在縱橫擊可汗自分身為齏粉碎虜中方作丈夫看

紀事

正月二十日至北營適與文煥同坐予不與語越二日予不得回闕詬虜酋失信盛氣不可止文煥與諸酋勸予坐野中以少遲一二日即入城皆紿辭也先是予赴平江入疏言叛逆遺孽不當待以姑息乞舉春秋誅亂

二六九

《文山先生全集》第十三卷之纪事　文天祥

相吴坚提出要另任一人为右丞相，众臣一致推举文天祥担此重任，太皇太后当即降旨诏命文天祥为右丞相兼枢密使、都督诸路军马。

临危受命的右丞相文天祥，与左丞相吴坚等赴伯颜大营议和。伯颜大营设在临安城东北部的皋亭山上，营中军帐森严壁垒，刀枪林立，侍卫们一个个杀气腾腾。吴坚等人一看这个架势，心中暗自害怕，不由自主地放慢了脚步。唯有文天祥神色自若，昂首阔步地踏入伯颜的大帐之中。

文天祥在伯颜面前大气凛然，慷慨陈词道："虽然你北朝能够扫夏灭金，但我南朝不是你用武力便可降服的。我大宋承帝王正统，衣冠礼乐，煌煌俱在，岂是夏、金可比的？今天你北朝驱兵到此，是想与大宋为友邦，还是想毁灭大宋的社稷？"伯颜只好按照元世祖忽必烈的诏书回答："社稷必不动，百姓必不杀。"面对伯颜的杀头威胁，他面无惧色地回答："我是宋朝的状元宰相，只差一死报国，便是刀锯在前，鼎镬在后，文某在所不惧。"文天祥还在元营赋诗一首。

三宫九庙事方危，狼子心肠未可知。

若使无人折狂虏，东南那个是男儿。

——南宋　文天祥《纪事》

当看到降元的南宋将官吕文焕、吕师孟叔侄在元军大营时，文天祥怒火中烧，大骂他们是卖国求荣的乱臣贼子。吕文焕却辩解道，自己苦守襄阳 6 个年头，而朝廷却不来增援，不得已才投降了元军。文天祥厉声喝道："力穷援绝，便该以死报国。食君之禄，应死君之难。身为大宋的臣子，当与城池共存亡。"

伯颜见文天祥声色俱厉，神色凛然，竖起大拇指说道："本帅生平最敬英雄好汉，文丞相视死如归，真是大丈夫本色。我也见过不少南朝使者，但从没有看到有人能够像文大人这样，可敬可佩。"

镇江脱险

伯颜一方面从内心佩服文天祥的凛然正气，但另一方面又害怕文天祥力主抗元的铮铮铁骨。面对文天祥这块"硬骨头"，伯颜知道，他不仅是领兵勤王的领袖人物，同时还是南宋朝野的精神支柱，一旦将他放虎归山回到南宋，元朝必将后患无穷。于是，伯颜让吴坚等人签订降书后返回临安，唯独将文天祥扣留在军营中。

南宋咸淳二年（1266）二月初五朝会，宋恭帝赵显领着文武百官在祥曦殿向北遥拜，举行了退位仪式。不久，元世祖忽必烈颁发了《归附安民诏》，旨令南宋宗室成员迁往元大都燕京。又命清点宋廷秘书省、国子监、国史院和学士院的图书及文本，清点太常寺的祭器及册宝、仪仗、图册、户籍等，运送至元大都。犯罪的归附臣民，一律赦免。公私债务，一笔勾销。曾经与元军敌对的人，也免予追究。江南名儒、高僧、名医及隐士，由各地方官府奏报朝廷，以礼优待。名胜古迹及寺观庙宇，严加保护。

二月八日，伯颜命令南宋的右丞相贾余庆、

左丞相吴坚、同知枢密院事谢堂、签书枢密院事家铉翁、同签书枢密院事刘岊五人为"祈请使"，去元大都燕京向元世祖忽必烈献上降表。

二月九日，伯颜又命令文天祥作为"祈请使"的附庸也跟随元军北上。对此，文天祥早已做好了思想准备，他知道伯颜对于他是无论如何都不会放手，也不敢放手。所幸的是，文天祥的帐前官兵和随从杜浒、余元庆等11人都舍命相随。临走时，文天祥写了一首七绝。

《金焦落照图》　文徵明

《长夏江寺图》 李唐

初修降表我无名，不是随班拜舞人。

谁遣附庸祈请使？要教索虏识忠臣。

——南宋　文天祥《使北》

　　"祈请使"一行乘坐的大船沿着大运河北上，为了对文天祥严加看管，伯颜令人将文天祥和杜浒等人转移到另外一艘戒备森严的小船上，并派遣了一位名叫王千户的军官随身看押，"相随上下，不离顷刻"，连文天祥睡觉也盯住不放。在船上，文天祥和杜浒等人秘密商议，

一定要设法在京口（今江苏镇江）脱险，因为江北的真州（今江苏仪征）还在宋军手中。

元军到了京口后停留了10天，这为文天祥的逃亡创造了机会。文天祥暂住在汉人乡绅沈颐的家中，看守王千户时刻不离文天祥，但对杜浒、余元庆等人却未加防范，因此他们悄悄地找人、找船，寻找一切机会帮助文天祥脱险。余元庆是真州本地人，他辗转找到一位为元军管理船只的老友，这位老友一直钦佩文天祥的气节，听说是要自己用船帮助文天祥丞相脱险，二话没说就满口答应。杜浒、余元庆许诺如果此事成功，将给老友一个承宣使的官职和 1000 两白银的赏赐。老友听后激动地说："我们虽然身在元营，但是心在宋朝。为国家救一个好丞相，是我应该做的事，还要什么官职和银子，只求丞相给我一个批帖，将来逃出敌手，也作为我给国家效过力的凭证。"当下，三人秘密商定了上船的地点和时间。

与此同时，杜浒还买通了管夜禁的一位元军头目，夜晚派人送来了一盏官灯，凭此官灯夜间外出可以畅通无阻。当天晚上，文天祥备宴酬谢房东沈颐的照顾，并请看守王千户作陪。王千户见文天祥神态自然，加上外面通宵都有哨卒站岗、巡逻，料想文天祥插翅难飞，便开怀畅饮起来，大家猜拳行令、轮番劝酒，最后将王千户灌得酩酊大醉。二更时分，文天祥和杜浒等人提着官灯出了门，由于有"官灯提照"，街巷岗哨都不过问。一行人按计划走到长江岸边的甘露寺，余元庆的老友已安排一条小船在江边的草丛中等候，大家顺利上了船，两名水手赶紧划桨摇橹，小船向着长江上游急急地驶去。

05

苦 战

一代文魁文天祥，在烽火连天中高举抗元的大旗，开始了保卫国家的战斗历程。危急之际，朝廷诏命他为右丞相兼枢密使、都督诸路军马。不屈不挠的文天祥，就如一根擎天柱，孤独而倔强地支撑着摇摇欲坠的南宋政权大厦。

真州被疑

天亮时，文天祥一行的小船到达了真州的五里头，泊岸后他们大步往真州城门而去。逃亡总算成功了，文天祥终于踏上了宋军守卫的国土。文天祥后来写下的《脱京口》诗组十五首并序中，形象逼真地描绘了他们从镇江出逃的艰难险阻，真实地记录了脱险过程的"十五难"（定计难、谋人难、踏路难、得船难、给北难、定变难、出门难、出巷难、出隘难、候船难、上江难、得风难、望城难、上岸难、入城难）。同时，他还写下了：

> 四十羲娥落虎狼，今朝骑马入真阳。
> 山川莫道非吾土，一见衣冠是故乡。
>
> ——南宋 文天祥《真州杂赋》

守城的宋军见城外一行人狼狈不堪，高声喝问。杜浒、余元庆等人仰头大喊："文丞相从镇江走脱，前来投奔真州，请速速通报。"

《京口送别图》　沈周

　　听说文天祥丞相来了，真州安抚使苗再成亲率部下将校出城迎接。进得城门，只见街道两旁站满了老百姓，大家自发地夹道欢迎文丞相脱身来到真州。义军勤王，大义凛然，无私无畏，精忠报国，文天祥的事迹和气节早已在南宋朝野传开，特别是那些不甘心做亡国奴的官兵和民众，大家热切盼望着有更多像文天祥这样的爱国将领，带领全国军民驱除鞑虏、收复河山。

　　苗再成热情地将文天祥迎入府内，并安排文天祥一行就近住在清边堂寓舍。因真州与临安数月未通音讯，苗再成此刻才从文天祥口中得知京师沦陷、皇帝屈降、国破家亡的凄惨境况，大家蹙额垂目，伤感不已。

感叹之后，苗再成心中涌上了一个挽回时局的两淮兵力复兴计划：先让淮西制置使夏贵出兵江边，摆出攻打建康（今江苏南京）的架势，牵制元军。淮东则以通州、泰州的守军和义军猛攻湾头，以高邮、淮安、宝应的守军和义军强攻扬子桥。淮东制置使李庭芝率扬州大军进取瓜洲。苗再成则与真州刺史赵孟锦率水军直捣镇江。三路大军同时进军，元军顾此失彼，必难抵抗。三路军会合，即可收复瓜洲。然后命令淮东军进入京口，淮西军进入金城，两浙地区的元军就会毫无退路，宋军就可以生擒伯颜了。

文天祥听了苗再成的复兴计划，十分赞同，这与他去年上书朝廷奏请设置扬州等四镇协同作战、"仿方镇以建守"的主张十分吻合。他当即给淮西制置使夏贵、淮东制置使李庭芝等州府守将致函，希望他们共同实施这一复兴计划。

　　然而，文天祥空欢喜了一场。因为他不知道，夏贵已经率领淮西三府、六州、三十六县投降了元朝。更令他想不到的是，李庭芝中了元军的反间计，相信文天祥已经投降了元朝，不然，在防范如此严密的情况下，文天祥一行人凭什么能集体出逃呢？于是，李庭芝命令苗再成就地斩杀文天祥等人。苗再成接到李庭芝的命令后左右为难，一方面，文天祥格调高雅、操守方正，是苗再成内心十分尊崇和敬重的英雄，他并不相信文天祥会投敌赚城；另一方面，李庭芝是他的上级，大敌当前，军令如山，他不得不服从。最后，他善意地将文天祥一行"骗"出了城门，给文天祥等人放了一条生路。

辗转流离

文天祥无奈之下离开了真州，本想去扬州找李庭芝当面对质，但杜浒、余元庆等人在此问题上出现了两种截然不同的观点，一种观点认为坚决不能去扬州，因为李庭芝固执己见，他既然相信文天祥已经投降了，再去扬州就等于送死。另一种观点认为应该去扬州，李庭芝毕竟是自己人，

李庭芝雕像群

是非曲直总能解释清楚的，何况周围都是元军，不去扬州也无处可去。进退两难之时，余元庆找到了附近的一位樵夫，樵夫对周围的环境非常熟悉，答应带着文天祥一行人去高邮，也知道路上如何避开元军的一些巡哨。

文天祥当即决定改道高邮，经通州（今江苏南通）渡海南下闽、广地区，寻找在南方的吉王赵昰和信王赵昺，继续高举抗元大旗，以期收复沦陷的南宋河山。在樵夫的带领下，文天祥一行人夜晚赶路，白天找地方躲藏，一路上又困又饿、疲惫不堪。因为对前途感到十分迷茫，有一天晚上，余元庆等人趁着夜色离开了文天祥。天色渐亮时，大家才发现队伍中少了四个人，文天祥虽然非常不舍，但自己这一路上既有元军追赶，又有宋人缉拿，注定与惊险、艰苦、磨砺相伴，余元庆等人打退堂鼓也情有可原。

文天祥等余下的几人跟随着樵夫继续前行，他们翻山越岭、穿林渡河，路上不时遭遇元兵和盗匪，身边的人死的死、伤的伤，幸好文天祥都顺利地躲避过去了。好不容易到达了高邮城，但城门口张贴着李庭芝通缉文天祥的告示。思虑再三，文天祥决定不进城，改水道先去泰州，再往通州。

又经过近二十日的颠沛流离，文天祥等人终于到达通州城下。通州守将杨师亮虽然也接到了李庭芝令他缉拿文天祥的文书，但他也得到情报，说元军在一路捉拿从镇江逃走的文天祥，加上他一向佩服文天祥的忠义，所以坚决不相信文天祥投降了元军。将文天祥迎入城中后，杨师亮将朝廷有关消息告知文天祥，就在文天祥一行到达泰州的那一天，元将阿塔海、阿剌罕和董文炳受命来到临安，押解太后和宋恭宗赵㬎母子去元大都，让他们去觐见元朝皇帝忽必烈，太皇太后谢道清因为病重而没有前往。文天祥一听，悲愤交加，泪水忍不住从眼眶中涌出。

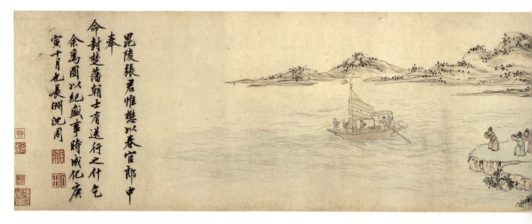

《送行图》 沈周

　　但也有好消息传来，临安沦陷后，一起南
下的吉王和信王已经改了名号，吉王赵昰改成
了益王，信王赵昺改成了广王，如今，二王已
在永嘉（今浙江温州永嘉县）建元帅府，拥立
益王赵昰为天下兵马都元帅，广王赵昺为副元
帅，发布檄文，号召各路忠臣义士勤王，苏刘义、

陆秀夫、陈宜中、张世杰等大臣有的已经在永
嘉，有的正在赶往永嘉。文天祥一听兴奋不已，
感到恢复社稷有望了，恨不得一步就跨到永嘉
去觐见二王。杨师亮很快便为文天祥准备好了
船只，亲自到港口为文天祥等人送行。

重举义旗

宋代，长江口以北的海面叫作北洋，由北洋入山东；以南的海面叫作南洋，由南洋至闽广。文天祥南下时，长江中的岛屿均被元军占领，由南洋去南方的船，不得不绕道北洋，再转入南洋。在通过扬子江口时，文天祥屹立船头，面向南方，迎着大海的风浪，情不自禁地吟诵道：

几日随风北海游，回从扬子大江头。

臣心一片磁针石，不指南方不肯休。

——南宋　文天祥《扬子江》

《指南录》　文天祥

　　这首《扬子江》是他的诗集《指南录》的主题诗。由"北海游"联想到"磁针石"，由"磁针石"联想到自己的"心"，最后以"不指南方不肯休"结尾。文天祥的心，就如同指南针一样，不管你怎样拨转，它永远都指向南方的朝廷。

　　南宋德祐二年（1276）五月初一，伯颜与被废的南宋皇帝赵显一起来到元大都，朝拜元世祖忽必烈。忽必烈授赵显为检校大司徒、封瀛国公。也就在这一天，远在南方的南宋大臣们拥立7岁的益王赵昰在福州登基，改元为景炎，号宋端宗，册封赵昰的生母杨淑妃为太后，加封广王赵昺为卫王，行朝（皇帝临时驻处）福州改为福安府。诏任陈宜中为左丞相兼枢密使，都督诸路兵马；李庭芝为右丞相兼枢密使，张世杰为枢密副使，陆秀夫为签书枢密院事，陈文龙为参知政事，苏刘义为殿前司。

　　新皇帝登基时，文天祥刚刚赶到永嘉。永嘉守将把二王已赴福州的消息告知了文天祥，文天祥马上起草了一封抗元救国的奏折，请守将派人送往福

安府。收到文天祥的奏折后，朝廷以观文殿学士兼侍读的身份召见文天祥，令他即刻前往福安府。新皇帝在福安府召见了文天祥，要任命他为宰相。但文天祥既不愿与两次临阵脱逃的左丞相陈宜中共事，又想离开福安去开府募兵广泛发动军民抗击元军，"余名宰相，徒取充位，遂不敢拜，议出督"。朝廷便诏命他去南剑州（今福建南平）开府聚兵。

南剑州是八闽屏障，北上可收复失土，南下可保卫朝廷。文天祥在此募兵的消息一传开，大家都知道文天祥忠君爱国、刚正无私，原勤王军将士和爱国的军民纷纷投奔而来，愿意集聚在他的旗帜下抗元复宋。抗元的大旗又重新举起来了，文天祥派出他的生死兄弟、台州人杜浒去台州、温州招兵买马；太平人吕武去淮南联络，筹饷招兵；朝廷老臣陈龙复去广东积粮聚兵。他筹划着南北合击，连兵大举，雄心勃勃地准备大干一场，满心期望光复南宋。

　　然而，此时的朝廷被陈宜中、张世杰所把持，陈宜中一直与文天祥政见不同，文天祥甚至不屑与他共事。张世杰手握重兵，但只会专制朝政，生怕一呼百应的文天祥威胁到他的权威。于是，这两人决定将文天祥打发到福建西面的崇山峻岭中去，朝廷一纸诏令，命令文天祥转移到汀州（今福建长汀）驻守。

苦战扶危

汀州位于福建西部汀江上游，汉代置县，是客家人的主要聚居地，被誉为"世界客家首府"。耕读传家是客家文化的特点，客家先民世代居住在黄河流域，西晋末年、唐代后期，因为躲避战乱而大举南迁。客家人以粤赣闽为主要聚居地，宋代户籍有主客之分，移民入籍者皆编入"客籍"，做客地方以此为家，即称客家，"客籍人"遂自称为"客家人"。

汀州西邻江西，江西是文天祥的故乡，听说文天祥重树抗元大旗，曾经被遣散回乡的原赣州勤王义军兵将，很多人又立即回到文天祥的身边来了。文天祥与众将士一起制定了作战计划，决定先入梅州，再过梅岭，以图收复江西。

南宋景炎二年（1277）三月，文天祥率督府军收复了广东东北部的梅州，梅州与福建龙岩交界，也是客家人的聚居地。督府军进驻梅州后，当地客家儿女纷纷从军，"男执干戈女甲裳，八千子弟走勤王"。同年五月，文天祥兵分三路进军江西：主力部队攻打赣州城，一路攻打北面的永丰和吉水，一路攻打西北的泰和。六月，督府军取得雩都（今江西赣州于都县）大捷，并一鼓作气乘胜收复了兴国县，将督府设在了兴国。督府军势如破竹，赣州10个县收复了9个，吉州8个县收复了5个，抚州和袁州各收复了1个县，饶州、信州、洪州等地的抗元战斗也是如火如荼，毗邻的湖南也光复了7个县。不屈不挠的文天祥，就如一根擎天柱，孤独而倔强地支撑着摇摇欲坠的南宋政权大厦。

江西和湖南胜利的消息，大大鼓舞了其他地区军民，广东、福建、江淮等地也纷纷燃起抗元的烽火，领头人既有当地的官员乡绅，也有豪杰志士，他们主动与文天祥的督府军联络，接受文天祥的指挥。南宋军民并不甘心做亡国奴，只要有人振臂高呼，定会八方响应，从者如云，都愿意誓死保家卫国。

文天祥在江西、福建、湖南等地坚持抗元复国，让元世祖忽必烈大为恼怒，他下令在江西隆兴府（今江西南昌）"置行中书省"，以参知政事、行江西

藉山河歲云杪飄零海角春重幕百年落落生涯盡萬里

遙遙行役苦我生不辰逢百催求仁得仁尚何語一死鴻
毛或泰山之輕之重安所憂婦女低頭中巾幗男兒鬚眉

吞刀鋸殺身懷愾循易免取義從容未輕許仁人志士所
植立橫絕地維屹天柱以身狥道不苟生道在光明照千
古素王不作春秋孰蹄鳥跡交中土閏位適在三七間
禮樂終當屬真主牟陵衛律異通天遺臾至今使人吐種
底東門不可得暴骨匈奴固其所平生讀書爲誰事臨難

何愛後何懼已矣夫易簣不必如曾參結纓循當效子路

南海

揚來南海上人死亂如麻鴈浪拍心碎颶風吹鬢華一山

還一水無國又無家男子千年志吾生未有涯

有感

海闊龍深鼇山空鳥雜花隨森共去雲與水俱行壯士
千年志征夫萬里程夜涼看星斗何處是燕臺

張元帥謂子閭已亡矣義自不食周粟人臣自盡其心豈論
商非不亡夷齊自以忠誰後書之于謀

高人名若免烈士死如歸智臧猶吞炭前亡正探薇豈因

書與不書張爲政容因成一詩

微後福其肯蹈危機萬古春秋義愍愍變淚揮

槖橐

茫茫地老與天荒如此男兒鐵石腸七十日來浮海道二
千里外望江鄉高鴻尚覺心期闊鶺鴒爲何堪跡長劃百

葵藿時柱頹山川在眼淚浪浪

海上

天邊青鳥逗海上白鷗馴王濟非羆叔陶潛入得官
須報國可憐即逃秦身事盒棺定挽鏟看創頻

贛州

潏城風雨送秦原三四年前此戰場遺老循應愧峰故
支巳久化對俗江山不敗人心在宇宙方來事會長平玉
樓前天亦泣南音半夜落滄浪

指南後錄卷之一下

出廣州第一宿

英德道中

越王臺下路梅首歎萍蹤城古都招水山高易得風破鞋
殘兩後塔影喜林中一樣連營火山同河不同

海近山如沃拝深蘆半蕉乾坤正鳳兩軒見總泥途自歎

晚渡

高有薄誰憐鵑影孤少年狂不醒夜夜夢伊吾

青山圓萬疊死落此何邪雲靜龍歸海風清烏渡江汉瀍

《文山先生全集》第十四卷之贛州　文天祥

宣慰使塔出为右丞，参知政事、行江西宣慰使麦术丁为左丞，江西宣慰使李恒、闽广大都督兵马招讨使蒲寿庚等为参知政事，集中力量对付文天祥。

元军兵分三路分别进攻赣州、泰和、永丰，三路兵马出击后，元军元帅李恒亲率精兵偷袭文天祥的大本营兴国。文天祥率督府军本想撤退到永丰与部将邹洬会合，不料邹洬的步兵军抵挡不住元军骑兵的冲击而大败。文天祥无奈只得往庐陵退却，元军一路紧紧追随，文天祥退至方石岭（今江西吉安）时，元军也飞骑而至。部将巩信为掩护文天祥脱险，带领数十名步兵坚守隘口，身中数箭依然奋勇杀敌，但终因寡不敌众全部战死。

文天祥率领众人沿山间小路撤退到空坑（今江西永丰），夜幕降临，大家人困马乏、疲惫不堪，便就地休息。半夜时分，突然一阵惊天动地的马蹄声由远而近，原来是元军又追赶过来了。当晚整个空坑被浓雾笼罩，伸手不见五指，只听到周围到处是刀枪碰撞和惨叫连连的声音。趁着浓雾，文天祥被手下人带着从小路突围，但其妻子欧阳浚和儿女都被元军所俘。

空坑一战，文天祥的督府军死伤惨重，也给东南各地的抗元复国行动带来了沉重的打击。文天祥带领残部退回到汀州，在汀州，他感到这里不是重整旗鼓之地，决定弃闽入广，寻找新的战机。南宋景炎二年（1277）十一月，文天祥经江西会昌、安远，到达广东循州（今广东惠州、河源等地），转战广东南岭一带。南宋景炎三年（1278）二月，文天祥率军进军惠州海丰县，三月进驻丽江浦（今广东汕尾）。安顿下来后，文天祥派人多方打听朝廷的下落，但始终音讯全无。

06

被俘

南宋景炎三年（1278）十二月，文天祥率领督府军转战到海丰县北郊五坡岭时不幸被俘。元军拿来笔墨劝其写投降书，他提笔一气呵成写就了旷世名篇《过零丁洋》，其中的『人生自古谁无死，留取丹心照汗青』成为千古不朽的爱国主义绝唱。

海上朝廷

元世祖忽必烈连续增派重兵南下，先后攻克了处州（今浙江丽水）、建宁府、南剑州，而这些州府的守将投降的投降、逃跑的逃跑，元军很快便逼近福安府。此时的宋军还有正规军17万人，富有作战经验的淮兵1万多人，如果是文天祥在朝，他一定会义无反顾地选择与元军决一死战，可当朝的陈宜中和张世杰却不约而同地选择一味退却，福安府知府王刚中也向元军投降，导致行朝福安府沦陷，小朝廷先后逃往广东潮州、惠州等地，最后竟然登舟入海，在浩瀚的大海上四处漂泊。除了茫茫的大海，陆地上竟然没有一块朝廷的立足之地。

南宋景炎三年（1278）三月，为躲避元将刘深的追击，宋末老臣江万载（江万里的胞弟）一边带兵奋力抵抗，一边扶着年幼的宋端宗赵昰上船避难，不料海面上突然刮起飓风，体弱多病的宋端宗突然被卷入海浪中。这时，年逾70的江万载奋不顾身地扑入狂风巨浪中，奋力将宋端宗救

了起来，而江万载自己却不幸被海浪卷走。眼看着自己最亲近的大臣被海浪吞没，屡受颠簸、惊吓过度的小皇帝赵昰从此一病不起。

因元军追兵逼近，小朝廷不得不浮海逃往雷州湾外的硇洲岛。硇洲岛是一个荒岛，是我国的第一大火山岛，面积约 56 平方公里。这里水中多巨石，半岛东部海面危崖壁立，惊涛拍岸，震撼海天。陆秀夫给它取名硇洲岛，硇字是以石击匈（元）之意，表达着与元朝抗争到底的决心。南宋景炎三年（1278）四月，年幼的宋端宗赵昰在硇洲岛病逝。这个生逢乱世的小皇帝，在位不到 3 年，却整天东躲西藏、提心吊胆，没过一天安稳日子。国不可一日无君。五月初一，在陆秀夫、张世杰的拥立下，更为年幼的赵昺登基了，改元祥兴。诏任授陆秀夫为左丞相，张世杰为少傅、枢密副使，文天祥为枢密使。赵昺是南宋的第 9 位皇帝，也是最后一位皇帝。

由于硇洲岛地方很小，也并不安全，九月，朝廷向北迁往崖山（今广东江门崖门镇），小小崖山，成了南宋朝廷的最后落脚地，也是 20 余万不甘亡国的南宋军民的最后归处。在陆秀夫和张世杰的率领下，南宋军民还为年幼的宋末帝赵昺和杨太后修建了一座名为慈元殿的行宫。

《塞山云海图》　钱维城

南岭被俘

南宋景炎三年（1278）六月，文天祥终于打听到了朝廷的消息，他接连写了多封奏疏，想去崖山行朝觐见新皇帝。行朝回诏对他大加赞扬："历事四朝，始终一节""忠孝两全，神明对越"，并加封他为少保、信国公，但却不允许他来行朝面见新皇帝。究其原因，一是当朝的一文一武陆秀夫和张世杰害怕文天祥入朝分权，二是文天祥为人刚直不阿，疾恶如仇，朝廷官员既敬他、又惧他，所以坚决不让他入朝面君。

赴崖山行朝面君受阻，文天祥率领督府军开赴潮州，众人商议后觉得靠海的潮州不如内陆地区可以据险御敌，于是文天祥命赵孟溁为先锋，邹沨殿后，将军队移师海丰向南岭进发。

一直谋求统一全国的元世祖忽必烈此时也得知宋端宗赵昰已死，又立了赵昺为新皇帝，闽广等地蠢蠢欲动，起兵响应。他决定斩草除根，将南宋朝廷赶尽杀绝，便任命张弘范为蒙古汉军都元帅，李恒为副帅，水路并进夹击南宋行朝和文天祥的督府军。打听到文天祥去了海丰，张弘范让他的弟弟张

《忠孝》（碑刻） 文天祥

《读碑窠石图》 李成

弘正带领元军打扮成乡民模样，由叛徒陈懿在前头引路，紧追文天祥部队。

同年的十二月二十日，赵孟溁的先头部队已经在前面翻山越岭，殿后的邹沨还没有赶到。时至中午，文天祥率领中军来到海丰县北郊五坡岭，进入了南岭地界。因为接连行军，加上瘟疫肆虐，将士中有很多被疫病拖累，早已疲惫不堪。看到这里山路崎岖，文天祥下令队伍就地歇息、埋锅造饭，饱餐一顿后再去追赶赵孟溁所部。饭刚刚煮熟，文天祥坐在一张铺有虎皮的交椅上，刚吃了几口，伪装成当地人的元军突然从天而降。正在用餐的督府军猝不及防，还来不及取出兵器，便被元军砍死杀伤。文天祥知道自己这次难以脱身，便从身上拿出早已准备好的二两冰片放入口中，决定以身殉国。之后的文天祥只觉得腹痛不已，接着便天旋地转，失去了知觉。

后人为了纪念文天祥，在他被俘的地方修建了一座亭子，取名为方饭亭。亭前立了一块长条形的石碑，碑上刻着四个苍劲的大字：一饭千秋。亭子两旁的石柱上刻有一副对联："热血腔中只有宋，孤忠岭外更何人"。

《文天祥》　谭崇正

千古绝唱

文天祥可能知道冰片能引起呼吸衰竭而死亡，也可能知道冰片要与热酒同服才有毒性，但战场上的文天祥，根本无法找到热酒，急忙中只好将冰片送入口中。但这样口服下去，只会腹痛、腹泻或者昏迷，却不会死亡。

文天祥醒来后，发现自己浑身虚脱乏力，睁开眼睛一看，周围全是元军士卒。他心中顿感一阵痛楚，知道自己终究还是被元军活捉了。文天祥被擒，标志着南宋陆上的抗元力量全部覆灭。

得知文天祥被擒，元军主帅张弘范欣喜若狂，下令给他的弟弟张弘正将文天祥押送到自己驻扎的潮阳来，一路上要严加看管。押往潮阳的过程中，张弘正指派一队全副武装的士兵对文天祥日夜守护，既要防止他借机脱逃，更要防止他自尽殉国。

数日后，文天祥被押解到了潮阳。这时，张弘范已经为进攻南宋行朝崖山做好了最后的准备。南宋祥兴二年（1279）正月初六，元军水师从潮阳启航，向崖山进发，去歼灭南宋最后的军马和行朝，他们还特意把文天祥也带上了。关押文天祥的囚船也跟随着元军的战船向崖山驶去，文天祥明白，南宋的最后时刻到来了。

状元出身的文天祥既是南宋丞相，也是抗元运动的主要领袖。张弘范深知，如果能让文天祥投降并说服张世杰、陆秀夫等人放弃抵抗，一定能起到事半功倍的效果。想到这里，张弘范便派遣副帅李恒去见文天祥，请文天祥写信劝说张世杰等人向元军投降。文天祥冷笑一声，高声喝道："吾不能捍父母，乃教人叛父母，可乎？（我文天祥自己不能保卫父母，竟然教别人叛离父母，哪能这样做呢？）"

船队航行在广东珠江口外的零丁洋时，不甘心的张弘范亲自登上囚船，拿来笔墨劝说文天祥写投降书。文天祥从船窗向外面望去，满眼都是汹涌澎湃的海涛，他不由得想起了自己故乡赣江十八滩中的惶恐滩；想起了20多年前求学苦读、高中状元的往事；想起了这些年颠沛流离的战斗经历；想起了同甘共苦的战友和亲人；想起了国破家亡和妻儿的生离死别。触景生情，他心潮起伏，提笔一气呵成写就了一首旷世名篇。

辛苦遭逢起一经，干戈寥落四周星。

山河破碎风飘絮，身世浮沉雨打萍。

惶恐滩头说惶恐，零丁洋里叹零丁。

人生自古谁无死，留取丹心照汗青。

——南宋　文天祥《过零丁洋》

　　这首气贯长虹、光耀天地的述志诗，表达出文天祥慷慨激昂的爱国情怀、视死如归的民族气节，成为千古不朽的爱国主义绝唱。特别是诗中最后一句"人生自古谁无死，留取丹心照汗青"，影响了一代又一代爱国志士和广大民众。

崖山之战

崖山又名崖门山，位于广东冈州（今广东江门新会区）城南约 50 公里的地方，这里是银洲湖的出海口，也是潮汐涨退的出入口，东西两面矗立着崖山和汤瓶山，银洲湖水从两山之间穿过后流入大海，两山犹如一面大门，扼守住出海水道，因此被称为崖门。南宋祥兴二年（1279）二月，一次前所未有的海上战役在此发生，宣告了历经 320 年的赵宋王朝的灭亡。

此时宋军在崖山港湾内和海上尚有千余艘船只，宋军统帅张世杰苦思破敌之策，他没有采纳部下抢占陆地咽喉要道，在陆地上进行固守的战略，而是出于担心士兵逃亡的考虑，把陆地上的房屋宫殿全部焚烧，彻底放弃陆地上的防御。随后将千艘船只以铁索一字连环，在海湾内采取消极防御的态势做困兽之斗。为了鼓舞士气，张世杰把年幼的宋末帝赵昺的船排布在长蛇阵的中央，以示与所有将士共存亡。

元军主帅张弘范见宋军把战船集结在一起，便企图通过火烧赤壁的方式击败宋军，命令将士先用小船装满柴草、浇上油，点火后顺风冲向宋军的船队。

但宋军早有防备，已经在战舰上涂上了一层厚厚的湿泥，湿泥阻止了火势的蔓延，同时绑在船上的长木又顶住了元军的火船，使它们无法靠近，元军火攻的企图没有得逞。

张弘范见火攻不行，又命令水师在海上以及港湾口封锁住宋军的退路，之后陆上断绝宋军的粮道和供水，以此来让宋军土崩瓦解。此计很快奏效，被重重围困又断水断粮的南宋军民吃干粮、饮海水十余日，吐泻情况十分严重，在这种情况下，南宋将士的战斗力严重受损，同时军心开始涣散。

宋军统帅张世杰见情况不妙，多次想要主动出击寻求脱离困境的方法，但都被以逸待劳的元军击败。元军见宋军丧失了大部分战斗力，就兵分四路发动猛攻。张弘范趁着早潮，率军向宋军南面水师进攻，张世杰调令北面的守兵策应。李恒见北面防守空虚，又趁早潮刚退，率军从北面进攻。一时杀声震天，元军形成南北夹击的局面，崖山的宋军表里受敌。双方从早上一直浴血大战到中午，杀得天昏地暗、血流成河。

　　正当宋军拼命抵抗元军的进攻时，忽然听见元将船上响起了音乐。宋军以为这是元军将领举行宴会，大家都以为可以松一口气，谁知这是元军发动进攻的军令，张弘范亲领元军直冲向宋军船只。宋军惊慌不已，一时间被元军大破7艘船只，元军一路进攻到中央宋末帝赵昺所在的龙船。

　　张世杰此时发觉大势已去，立即带着几艘小船趁乱突围，但突围后又遭遇飓风，小船瞬间被风浪吞没，张世杰不幸溺水而死。在龙船上的陆秀夫绝望之下，悲壮地换上南宋朝服，跪拜在宋末帝赵昺面前痛哭流涕："国事至今一败涂地，陛下当为国死，万勿重蹈德祐皇帝的覆辙。德祐皇帝远在大都受辱不堪，陛下不可再受他人凌辱！"说罢，他背起赵昺，又用素白绸带将赵昺与自己紧紧绑在一起，跳入海中以身殉国。太后听闻此事，悲痛不已，也大哭着随即投海自尽。其他船上的大臣、将士、宫女等十多万军民见皇上、太后跳海，都不愿意投降元朝，毅然决然地纷纷投海，慷慨赴死，这也就有了史书记载的崖山海战"浮尸十余万"的历史事实。

07

就义

文天祥被押解到了元大都后，从投降的南宋君臣到元朝高官直至元世祖忽必烈，劝降文天祥的人物轮番上场，但他宁死不屈、视死如归。元至元十九年（1282）十二月九日，文天祥被押解到元大都城南的柴市刑场，从容引颈受刑，以身殉国，时年47岁。

押解北上

在元军船上的文天祥眼睁睁看着宋军节节溃败的场景，目睹了南宋朝廷的彻底覆灭，他内心悲痛欲绝。"崖山之败，亲所目击，痛苦酷罚，无以胜堪。"那时，他也准备跳海自尽，以死报国，但却被元兵们死死地按住，无奈之下，他仰天长叹："谁雌谁雄顷刻分，流尸漂血洋水浑。昨朝南船满崖海，今朝只有北船在。"

崖山海战后，张弘范大摆宴席庆祝胜利，并再次劝降文天祥。他对文天祥说，你对大宋忠心耿耿，我非常佩服。但如今宋朝已经灭亡了，作为一名臣子你也应该问心无愧了。现在，如果你能够像效忠宋朝那样为大元效劳，那我们大元的丞相非你莫属。

文天祥义正辞严地回答说："国家惨遭灭亡而臣子却只能眼巴巴地看着，这样的臣子简直死有余辜，怎么还能苟且偷生呢？商朝灭亡后，伯齐和叔夷宁可饿死也不吃周朝土地上长出的粮食，是为了保持自己对国家忠义的气节。"张弘范听后深为感动，对文天祥更加敬佩，并向元世祖忽必烈上书，阐述不能杀文天祥的种种理由。得知文天祥不肯受降，

《深山塔院图》　佚名

元世祖忽必烈感慨说："谁家无忠臣。"并下令要
以礼相待，将他押往大都燕京。

　　元至元十六年（1279）四月二十二日，文天祥
被元军取道水路"护送"北上燕京。出广州第一宿，
元船从珠江进入北江，文天祥在船舱里写了一首五
言律诗。

越王台下路，搔首叹萍踪。

城古都招水，山高易得风。

鼓声残雨后，塔影暮林中。

一样连营火，山同河不同。

——南宋　文天祥《出广州第一宿》

国破山河在，凄风冷雨中，离开南国，远去北方，迷蒙的云雾淹没了山川、河道，若隐若现，前头恍然隐蔽着一个看不见底的深渊，文天祥的心情，未免灰暗而凄凉。

五月，文天祥一行人水陆并进来到了江西南安军（今江西大余）。江西是文天祥的老家，也是他抗元的根据地，义军两次在江西举旗，得到江西军民的热烈响应。押解文天祥的元军害怕他的旧部前来劫持，提前把文天祥锁进船舱里，不让他在赣江沿线露面。而文天祥也知道自己七八天后将到达家乡庐陵，便开始了他的绝食计划，一心想饿死尽节、归葬故里。因此他还专门写了一首诗《南安军》，表达饿死殉国的心愿。

《采薇图》 李唐

梅花南北路，风雨湿征衣。

出岭同谁出，归乡如不归。

山河千古在，城郭一时非。

饥死真吾志，梦中行采薇。

——南宋 文天祥《南安军》

元军也十分担心这个重要囚犯在押送途中死亡，

到时无法向元世祖忽必烈交代。看押人员便想尽一切办法让文天祥吃喝，甚至按着他的鼻子灌食，致使文天祥没有能够在家乡殉国。绝食8天后，文天祥依然没有饿死，而故乡庐陵已过。既然不能死在故乡，那就只好活着。

元至元十六年（1279）十月初一，历经了五个月零十一天，文天祥终于被押解到了元大都。

国难臣忠

元世祖忽必烈久闻"宋末三杰"——文天祥、陆秀夫和张世杰的名望，听说张世杰和陆秀夫已死，心中颇觉惋惜。如今只剩下了文天祥，文天祥状元宰相，文武全才，更高出张、陆一筹。作为一代英主，他爱才、惜才、求才，文天祥无疑是南宋最好的人才，一旦归服，能为元朝所用，对于稳定元朝的统治，特别是稳定元朝在南方的统治，必然有重要的作用。

因此，从投降的南宋君臣到元朝高官，劝降活动如同骤雨一般，一场接着一场。其中，具有典型意义的有三场。

第一场是留梦炎劝降。留梦炎也是南宋的状元宰相，但他的品性操守与文天祥截然相反。南宋德祐元年（1275）十一月，当他听到元军攻破独松关后，就私自逃跑出来，不久便投降了元军。文天祥对这个无耻的叛徒无比鄙夷，提笔赋诗"龙首黄扉真一梦，梦回何面见江东"，龙首指的是状元，黄扉是宰相的办公场所。在大义凛然的文天祥面前，留梦炎面红耳赤说不出半句话来，只能灰溜溜地走了。

第二场是宋恭宗赵㬎劝降。赵㬎也只是一个9岁的小孩，被元世祖忽必烈降封为瀛国公。赵㬎刚来到牢房，还没有开口说话，文天祥已经口称陛下并哭拜于地，请求赵㬎回到南方去，重新竖起抗元复宋的大旗。宋恭宗一下被文天祥蒙住了，只得尴尬地打道回府。

第三场是元朝重臣阿合马劝降，元至元元年（1264）此人升中书平章政事，后兼制国用使，总管元朝财政，深得元世祖忽必烈宠信，志得意满，权倾朝野。他进来后傲慢地命令文天祥下跪，文天祥毫不示弱，回答道："南朝宰相见北朝宰相，为什么要下跪？"阿合马故意问道："那你为什么会到大都来？"文天祥回答："南朝要是早让我担任丞相，北人到不了南方，南人也到不了北方。"阿合马找不出理由来反驳文天祥，就对手下的人说："这个人的生死由我来定。"面对阿

《宦迹图》　佚名

合马的生死威胁，文天祥冷笑道："亡国之人，要杀便杀！"一番针锋相对后，原本趾高气扬的阿合马只得默然离去。

三个大人物劝降不成，元朝又打出了亲情牌，让同样被俘在元大都的文天祥的两个女儿前来劝说。父女相见，骨肉情深，文天祥这才知道3年多杳无音讯的妻子欧阳浚和两个女儿都还活着，并在元大都的东宫为奴。

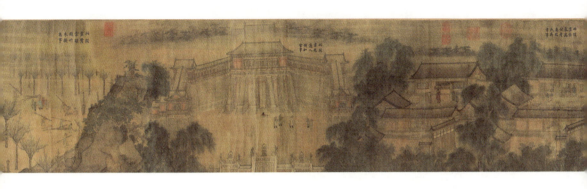

面对哭哭啼啼的女儿，文天祥心如刀绞，只要自己愿意投降，马上便是高官厚禄、家人团聚；如果自己坚贞不屈，妻女的下场可想而知。他强忍着悲痛，让女儿告诉妻子欧阳浚，自己将以死殉节，"高人名若浼，烈士死如归"。后来，文天祥在给他妹妹的信中这样解释："人谁无妻儿骨肉之情，但今日事到这里，于义当死，乃是命也。"

浩然正气

眼见软硬兼施都无效，元朝统治者便妄图不择
手段折磨文天祥，迫使他屈服。于是，文天祥被囚
禁在一间土牢里，并且像对待重囚犯一样给他戴上
了脚镣手铐，脖子上还套上木枷。他所携带来的衣
物和银钱也被封存了，每天只给元钞一钱五分做伙
食费，让他自己在土牢生火做饭。从元至元十六年
（1279）十月到元至元十九年（1282）十二月，文
天祥在元大都的土牢里度过了三年零两个月的囚禁
生涯。

监狱中的生活苦不堪言，度日如年，他周围的
环境恶劣而艰险，可是文天祥强忍痛苦，写出了不
少诗篇，气壮山河的不朽名作《正气歌》就是在狱
中写出的。

他凭借至大至刚的浩然之气，对抗七种邪恶之
气：水气、土气、日气、火气、米气、人气、秽气。
这时候，他的心如潮水一样汹涌激荡，不由得联想
起了春秋时齐国的太史简和晋国的史官董狐，战国
时的张良，汉朝的苏武，三国时的严颜、管宁、诸
葛亮，晋代的嵇绍、祖逖，唐朝的张巡、颜杲卿、

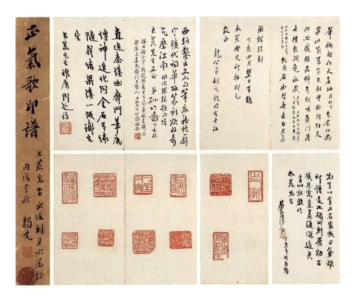

《正气歌印谱》 马一浮、胡文效等

段秀实等12位忠臣烈士，他们在历史的转折关头，不顾个人安危，大义凛然，冒死犯难，坚贞不屈。文天祥心驰神往，思路畅通，趁着满怀激情，举起笔来，龙飞凤舞，迅笔疾书道：

予囚北庭，坐一土室。室广八尺，深可四寻。单扉低小，白间短窄，汙下而幽暗。当此夏日，诸气萃然。雨潦四集，浮动床几，时则为水气；涂泥半朝，蒸沤历澜，时则为土气；乍晴暴热，风道四塞，时则为日气；檐阴薪爨，助长炎虐，时则为火气；仓腐寄顿，陈陈逼人，时则为米气；骈肩杂遝，腥臊汙垢，时则为人气；或圊溷、或毁尸、或腐鼠，恶气杂出，时则为秽气。叠是数气，当侵沴，鲜不为厉。而予以孱弱，俯仰其间，于兹二年矣，无恙，是殆有养致然。然亦安知所养何哉？孟子曰："吾善养吾浩然之气。"彼气有七，吾气有一，以一敌七，吾何患焉！况浩然者，乃天地之正气也，作正气歌一首。

天地有正气，杂然赋流形。

下则为河岳，上则为日星。

于人曰浩然，沛乎塞苍冥。

皇路当清夷，含和吐明庭。

时穷节乃见，一一垂丹青。

在齐太史简，在晋董狐笔。

在秦张良椎，在汉苏武节。

为严将军头，为嵇侍中血。

为张睢阳齿，为颜常山舌。

或为辽东帽，清操厉冰雪。

或为出师表，鬼神泣壮烈。

或为渡江楫，慷慨吞胡羯。

或为击贼笏，逆竖头破裂。

是气所磅礴，凛烈万古存。

当其贯日月，生死安足论。

地维赖以立，天柱赖以尊。

三纲实系命，道义为之根。

嗟予遘阳九，隶也实不力。

楚囚缨其冠，传车送穷北。

鼎镬甘如饴，求之不可得。

阴房阒鬼火，春院闷天黑。

牛骥同一皂，鸡栖凤凰食。

一朝蒙雾露，分作沟中瘠。

如此再寒暑，百沴自辟易。

嗟哉沮洳场，为我安乐国。

岂有他缪巧，阴阳不能贼。

顾此耿耿在，仰视浮云白。

悠悠我心悲，苍天曷有极。

哲人日已远，典刑在夙昔。

风檐展书读，古道照颜色。

时穷节乃见，一一垂丹青。在齐太史简，在晋董狐笔。在秦张良椎，在汉苏武节。为严将军头，为嵇侍中血。为张睢阳齿，为颜常山舌。或为辽东帽，清操厉冰雪。或为出师表，鬼神泣壮烈。或为渡江楫，慷慨吞胡羯。或为击贼笏，逆竖头破裂。是气所磅礴，凛烈万古存。当其贯日月，生死安足论。地维赖以立，天柱赖以尊。三纲实系命，道义为之根。嗟予遘阳九，隶也实不力。楚囚缨其冠，传车送穷北。鼎镬甘如饴，求之不可得。阴房阒鬼火，春院閟天黑。牛骥同一皂，鸡栖凤凰食。一朝蒙雾露，分作沟中瘠。如此再寒暑，百沴自辟易。哀哉沮洳场，为我安乐国。岂有他缪巧，阴阳不能贼。顾此耿耿在，仰视浮云白。悠悠我心悲，苍天曷有极。哲人日已远，典型在夙昔。风檐展书读，古道照颜色。

文信国正气歌影
民国五十三年五月 于右任

《正气歌》 于右任

　　诗的开头即点出浩然正气存乎天地之间，至时穷之际，必然会显示出来。随后连用 12 个典故，讲述的都是历史上有名的人物，他们的所作所为显示出浩然正气的力量。接下来 8 句说明浩然正气贯日月、立天地，为三纲之命、道义之根。最后联系到自己的命运，虽然兵败被俘，处在极其恶劣的牢狱之中，但是由于一身正气，各种邪气和疾病都不能侵犯自己，因此能够坦然面对命运。全诗感情深沉，气壮山河，直抒胸臆，毫无雕饰，充分体现了文天祥崇高的民族气节和强烈的爱国主义精神。

尾声　　舍生取义

　　元至元十九年（1282）三月，元世祖忽必烈任命和礼霍孙为右丞相。和礼霍孙提出以儒家思想治国，颇得元世祖忽必烈的赞同。有一天，元世祖忽必烈问大臣们："南朝（宋）和北朝（元）的宰相，哪一个最贤明？"大臣们一致回答："北朝没有人能超过耶律楚材，南朝没有人能超过文天祥。"于是，元世祖忽必烈下了一道命令，打算授予文天祥高官显位，但同样遭到文天祥的断然拒绝。

　　同年十二月八日，元世祖忽必烈亲自召见文天祥，还想做最后的努力，文天祥对元世祖忽必烈仍然是长揖不跪。元世祖忽必烈对文天祥说："你在这里的日子久了，如果能够回心转意，用效忠宋朝的忠心对我，我现在就可以封你为宰相。"但是，面对元世祖忽必烈开出的优越条件，文天祥却说："我文天祥是大宋的宰相，宋朝已经灭亡了，我只求速死。"最后，元世祖忽必烈无奈地问道："那你还有什么愿望吗？"文天祥答道:"但愿一死足矣。"

第二天，文天祥被押解到元大都城南的柴市刑场。赐死文天祥的消息传开后，元大都的老百姓都想最后看看这位顶天立地的英雄，纷纷赶来为文天祥送行。从巷口街道到刑场，到处都挤满了人，大家脸上都透露出难以抑制的悲愤与哀怨。监斩官问道："丞相还有什么话要说吗？回奏还能免死。"文天祥喝道："死就死，还有什么可说的？"他问监斩官哪边是南方？有人给他指了方向，文天祥向南方跪拜，边拜边说："臣以身殉节，报国至此矣！"并挥毫书就。

昔年单舸走淮扬，万死逃生辅宋皇。

天地不容兴社稷，邦家无主失忠良。

神归嵩岳风雷变，气吐烟云草树荒。

南望九原何处是，尘沙黯淡路茫茫。

    ——南宋　文天祥《出狱临刑歌·其一》

衣冠七载混毡裘，憔悴形容似楚囚。

龙驭两宫崖岭月，貔貅万灶海门秋。

天荒地老英雄丧，国破家亡事业休。

惟有一灵忠烈气，碧空长共暮云愁。

    ——南宋　文天祥《出狱临刑歌·其二》

  写罢，他掷笔于地，仰望苍天从容引颈受刑，时年 47 岁。

  文天祥遇难后，人们在他的衣带中发现了绝笔遗言："吾位居将相，不能救社稷，正天下，军败国辱，为囚虏，其当死久矣。顷被执以来，欲引决而无间，今天与之机，谨南向百拜而死。其赞曰：孔曰成仁，孟云取义，惟其义尽，所以仁至。读圣贤书，所学何事? 而今而后，庶几无愧。"后人将其中的赞文称为《衣带赞》。

"经纶弥天壤，忠义贯日月。"文天祥胸怀忠贞报国之梦，临危受命，虽未能"挽狂澜于既倒，扶大厦之将倾"，但他舍生取义的爱国精神和视死如归的浩然正气一直为后人所称颂和敬仰。明朝名臣、民族英雄于谦赞词曰："殉国忘身，舍生取义。气吞寰宇，诚感天地……孤忠大节，万古攸传。"清朝乾隆皇帝赞道："若文天祥，忠诚之心不徒出于一时之激，久而弥励，浩然之气，与日月争光。"

图书在版编目（CIP）数据

　　文天祥画传 / 朱虹 , 江先贞著 . -- 南昌 : 江西美
术出版社 , 2023.2
　　（中国历史文化名人画传系列）
　　ISBN 978-7-5480-8134-0

　　Ⅰ . ①文… Ⅱ . ①朱… ②江… Ⅲ . ①文天祥（
1236-1282）－传记－画册 Ⅳ . ① K827=442

　　中国国家版本馆 CIP 数据核字 (2023) 第 029629 号

出 品 人　刘　芳
出版统筹　方　姝
责任编辑　姚屹雯　李安琪
助理编辑　舒逸熙
责任印制　毛　翔
书籍设计　韩　超　胡文欣　　先锋設計
　　　　　　　　　　　　　　PIONEER DESIGN
封面插图　谭崇正

文天祥画传 WEN TIANXIANG HUAZHUAN
中国历史文化名人画传系列 ZHONGGUO LISHI WENHUA MINGREN HUAZHUAN XILIE
朱　虹　江先贞 / 著

出　　版：江西美术出版社
地　　址：南昌市子安路 66 号
邮　　编：330025
电　　话：0791-86566309
网　　址：www.jxfinearts.com
经　　销：全国新华书店
印　　刷：湖北金港彩印有限公司
版　　次：2023 年 2 月第 1 版
印　　次：2023 年 2 月第 1 次印刷
开　　本：710 mm×1000 mm 1 / 16
印　　张：10
ISBN 978-7-5480-8134-0
定　　价：48.00 元